企业技术创新
知识资本与价值网络的融合

陈仙婷 伊若文 洪圣恩 胡雅婷 ◎著

ENTERPRISE TECHNOLOGICAL INNOVATION
INTEGRATION OF KNOWLEDGE
CAPITAL AND VALUE NETWORK

企业管理出版社
ENTERPRISE MANAGEMENT PUBLISHING HOUSE

图书在版编目（CIP）数据

企业技术创新：知识资本与价值网络的融合 / 陈仙婷等著. -- 北京：企业管理出版社，2025. 8. -- ISBN 978-7-5164-3316-4

Ⅰ.F273.1

中国国家版本馆CIP数据核字第2025QL1639号

书　　名：	企业技术创新：知识资本与价值网络的融合
书　　号：	ISBN 978-7-5164-3316-4
作　　者：	陈仙婷　伊若文　洪圣恩　胡雅婷
责任编辑：	张　羿
出版发行：	企业管理出版社
经　　销：	新华书店
地　　址：	北京市海淀区紫竹院南路17号　　邮　　编：100048
网　　址：	http://www.emph.cn　　电子信箱：504881396@qq.com
电　　话：	编辑部（010）68456991　　发行部（010）68417763
印　　刷：	北京亿友数字印刷有限公司
版　　次：	2025年8月第1版
印　　次：	2025年8月第1次印刷
开　　本：	710mm×1000mm　1/16
印　　张：	13.25
字　　数：	158千字
定　　价：	68.00元

版权所有　翻印必究·印装有误　负责调换

前言

高科技企业是创新驱动的引领者，提升高科技企业的创新绩效对于推动经济社会高质量发展有着重要的意义。一方面，高科技企业需要不断增加创新投入，改善创新环境，掌握关键核心技术，用创新来拉动企业发展；另一方面，企业研发活动中的投入在技术、产品方面所产生的成果和形成的知识产权，有利于企业构建技术壁垒，这对企业获得持续而长远的竞争优势和超额收益更是意义非凡。

同时，高科技企业具有知识密集、人才密集、资金密集等特点，由此形成了众多不同形式的价值网络，而企业在价值网络中的位置在很大程度上决定了企业获取各种资源的机会、类型和速率。在错综复杂的市场环境中，高科技企业需要依靠价值网络中的各种信息和资源来及时调整运营模式，优化资产结构，提升创新活动的效率。

本书的研究重点聚焦于技术创新、知识资本、价值网络对高科技企业创新绩效的影响和作用机理，通过对各变量间的关系进行实证分析、定量研究，为企业的技术创新、战略规划提供方向指导，使企业将有限的资金和资源投入对提升企业创新能力最有效的领域中，从而对企业的创新绩效产生积极影响。

首先，系统梳理相关理论成果，分析高科技企业技术创新、知识资本、价值网络和创新绩效的概念及特征，在现有研究结论的基础上总结技术创新、知识资本、价值网络和创新绩效各变量之间的关系，运用扎根理论对具有代表性的高科技企业调研访谈数据进行编码，得到各核心范畴之间的作用机理以及可参考的维度，由此构建本书的研究模型，提出理论假设。

其次，收集研究所需的样本数据，以2018—2022年为研究区间、以主板上市的高科技公司为研究对象，从CNRDS数据库和CSMAR数据库公开的上市公司数据中，筛选出数据完整的705家上市公司共1530个数据作为研究样本。采用实证分析方法依次对研究假设进行验证，得出实证结果，并据此展开分析与讨论。

再次，根据实证结果分析及我国高科技企业的研发活动和技术创新现状，得出本书的研究结论：我国高科技企业的创新绩效和知识资本情况均较好，并呈现逐年优化的趋势，高科技企业技术创新、知识资本和价值网络均对创新绩效有显著的正向影响，同时知识资本和价值网络在技术创新对创新绩效的影响中起到链式中介作用。

最后，根据研究结论，对高科技企业创新绩效提升的路径和策略提出建议。不同发展阶段的高科技企业适用不同的创新能力发展模式：对于初创企业或小型企业而言，应当开展利用式创新，充分利用人力资本保证企业生存；对于进入成长期或具有一定规模的科技企业而言，应当选择并融入价值网络，在利用式创新和探索式创新中寻求平衡；对于成熟或大型科技企业而言，则应当提高价值网络中心度，通过探索式创新持续增强企业活力。高科技企业可以通过技术创新、知识资本和价值网络直接驱动创新绩效的提升，也可以发挥技术创新、知识资本和价值网络的协同作用，合理配置创新资源，促进创新绩效的提升。具体而言，高科技企业创新绩效提升策略包括：综合制定技术创新方案，为技术创新提供保障；正确认识研发投入和创新绩效的关系，合理配置资源；优化人力资本结构；注重知识资本的积累；动态调整企业价值网络模式以持续提升技术创新绩效。

  本书以"技术创新—知识资本—价值网络—创新绩效"这一链条为逻辑思路，探析技术创新这个自变量如何促进高科技企业创新绩效提升，进而形成新质生产力的问题，并导入知识资本和价值网络作为中介变量，进一步将应用边界拓展至积累知识资本、提高价值网络中心度、扩大完善价值网络等方面，为高科技企业的创新发展研究提供了一个新的视角。

目录 Contents

第一章 绪 论

第一节 研究背景   003

第二节 研究问题和意义   010

第三节 研究目标   015

第四节 研究对象   016

第五节 研究内容   017

第六节 概念界定   020

第七节 主要创新点   030

第二章 理论基础与文献综述

第一节 相关理论基础   035

第二节 创新绩效相关研究   052

第三节 技术创新相关研究   055

第四节 知识资本相关研究   060

第五节 价值网络相关研究   063

第六节 研究述评   066

第三章　扎根理论分析

第一节　案例分析方法与步骤　　077

第二节　样本企业介绍　　079

第三节　资料分析与编码　　087

第四节　扎根理论分析的结论　　106

第四章　研究方法与设计

第一节　理论分析与研究假设　　113

第二节　变量度量　　120

第三节　模型构建　　125

第四节　研究方法　　128

第五章　实证分析

第一节　样本基本情况描述　　135

第二节　变量描述性统计分析　　138

第三节　相关性分析　　139

第四节　诊断性检验　　140

第五节　回归分析　　142

第六节　结构方程模型分析　　147

第七节　异质性分析　　152

第八节　稳健性检验　　155

第九节　检验结果汇总　　157

第六章　策略与建议

第一节　高科技企业创新能力发展模式　163
第二节　高科技企业创新绩效提升路径　167
第三节　高科技企业创新绩效提升策略　171

第七章　研究结论与展望

第一节　研究结论　179
第二节　研究的局限性与不足　183
第三节　未来展望　185

参考文献　187

第一章

绪 论

第一节 研究背景

科技创新是发展新质生产力的核心要素。在日趋激烈的市场竞争中，高科技企业创新能力的提升路径已成为学术界的焦点问题。企业要实现技术创新并取得显著的创新绩效，并不仅仅依赖于自身所拥有的技术资源，还需要重视知识资本的积累运用以及价值网络的融入，通过与外部合作伙伴的紧密协作，快速获取新的技术、知识和市场信息。以此为出发点，下面将基于多个视角来阐述本书的研究背景。

一、发展新质生产力的需要

高科技企业是发展新质生产力的主体力量。

一方面，新质生产力的特点之一是高创新性，既包括科技和产业层面的创新，也包括管理与制度层面的创新，其中，科技创新尤为关键。通过科技创新产生的新质生产力相比传统的生产力，具有更高的技术水平、更高的质量以及可持续性，有助于实现高质量发展，解决不平衡发展问题。而高科技企业作为高质量科技供给的主要载体，对生产力的提升发挥着关键作用。只有强化企业科技创新主体地位，激发企业的积极性和创造性，加速创新知识生产和成果转化，才能实现产品创新和产业变革，推动形成更加先进的生产力质态。

纵向来看，科技创新表现为一种链式过程，由科学发明与科学发现、专利和技术开发、市场化应用等环节构成。科学发明和科学发现是推动颠覆性、前沿性技术创新的根源，将其转化成为现实生产力需要企业实现产业链和创新链的融合对接。

横向来看，创新是一个复杂的社会系统工程，涉及经济社会各个领域，需要政府、企业、高校、科研机构等相互支撑、良性互动，构建高效完善的协同创新格局。企业一头连着生产、一头连着市场，对科技发展的社会需求更加敏锐，往往走在绿色化、智能化转型的最前沿，是突破关键核心技术的重要力量。

从现实来看，新一轮科技革命和产业变革深入发展，产业链和创新链深度融合、协同演进，颠覆性技术不断涌现，创新应用场景成为连接基础创新和成果应用的重要纽带。企业可以提供涵盖各类需求的丰富应用场景，充分发挥科技含量高、带动性强、溢出效应好等优势，不仅可以提升创新效率，而且有助于推进多路线技术开发。

另一方面，发展新质生产力的关键在于以科技创新推动产业创新，形成科技创新与产业创新互促共进的产业科技创新"飞轮"。高科技企业，特别是高科技领军企业，既是产业主体，也是创新主体，对提升我国产业基础能力和产业现代化水平至关重要。

二、复杂市场环境带来挑战

党的二十大报告中提出，要强化企业科技创新主体地位，发挥科技型骨干企业引领支撑作用,营造有利于科技型中小微企业成长的良好环境,推动创新链产业链资金链人才链深度融合。《"十四五"促进中小企业发展规划》中提出的"十四五"时期围绕中小企业发展的关键环节的工作目标包括整体发展质量稳步提高,创新能力和专业化水平显著提升。在国家层面的战略规划中,企业创新已成为经济发展的重要驱动因素。与此同时,在激烈的国际竞争背景下,科技企业的创新绩效提升也成为一项重要议题,无论是行业先进企业保持竞争优势,还是后发企业进行技术追赶,都需以与技术创新能力相关的理论为支撑指导企业的经营活动。

随着各类创新扶持政策不断出台,创新型企业的主导地位逐步得到增强,近年来我国科技企业呈现出欣欣向荣的发展态势。

一方面,科技企业的研发投入不断增加,我国 R&D(科学研究与试验发展)经费由 2019 年的 22144 亿元增长到 2023 年的 33278 亿元,并且每年均保持较高的增速,如图 1-1 所示。

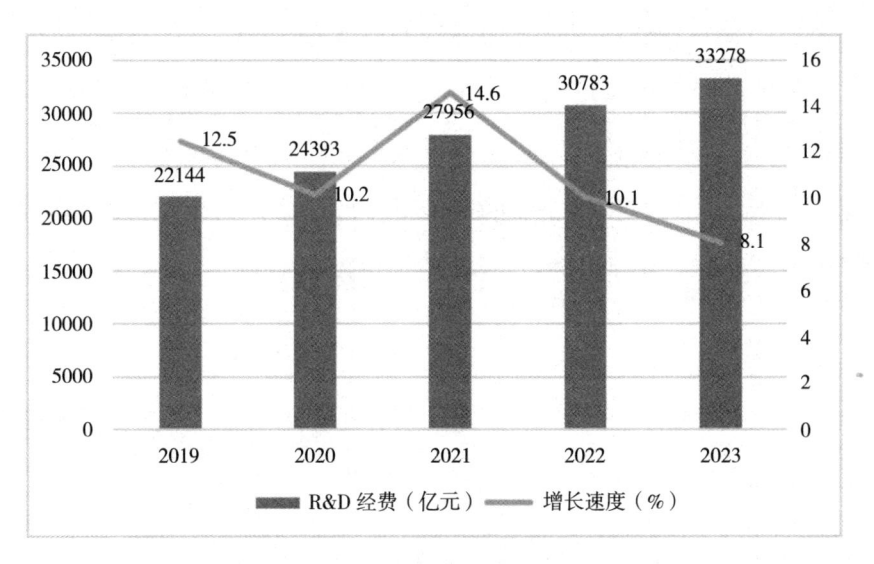

图 1-1 2019—2023 年国家 R&D 经费变化

资料来源:国家统计局《国民经济和社会发展统计公报》。

另一方面，企业的科技创新成果丰硕，2023年全国新签订技术合同95万项，授权发明专利92.1万件，比2022年增加了15.3%，尤其是在人工智能、新能源、生物医药以及量子技术等前沿领域取得了一系列的重要原创成果。总之，我国的高科技企业创新活动呈现出大体量、高增长、高质量的特点。

然而，在高速发展的同时仍然存在一系列问题，部分高精尖技术与世界顶尖水平相比仍有一定的差距；部分高科技企业的发展受到贸易保护主义等制约；技术创新活动逐渐向更深的层次发展时，部分企业开始面临有限的资源和高昂的研发投入的矛盾。随着科技创新速度的加快，高科技企业对于高端科技人才的需求也在逐渐增加，然而，由于人才市场竞争激烈、人才培养周期长等原因，高科技企业的人才需求往往难以及时得到满足，这也成为制约企业科技创新能力提升的一大瓶颈。

除了以上问题，高科技企业在科技创新能力提升过程中还要面临来自市场竞争的挑战。技术创新需要大量的资金投入，而市场的不确定性和激烈竞争使得企业很难在短期内获取足够的回报。这种不确定性和风险也会影响企业对于科技创新的投入和决策，从而影响企业的创新能力。另外，政策环境的不确定性也是高科技企业面临的挑战之一，因此，政府部门需要加强对高科技企业的政策支持和指导，为企业提供稳定、可预期的政策环境，从而促进企业科技创新能力的提升。

三、知识资本驱动"中国智造"

随着产品不断更新换代，新技术不断研发推出，高科技企业之间的竞争随之加大。越来越多的高科技企业开始重视内生增长，以技术创新为手段，将现有业务和资产进行整合优化，增加研发创新投入，改善创新环境，掌握关键核心技术，将企业在研发活动和运营管理过程中形成的知识、技能、经验等成果归纳整合为知识资本，用知识资本为企业发展长期赋能。

当知识资本成为企业制胜的关键，企业对员工受教育程度的要求也在逐渐提高。数据表明，年轻一代的就业人员较大龄就业人员受教育程度有了显著的提升，40～44岁就业人员中仅有12.3%的人达到本科学历，而25～29岁的就业人员中有23.9%的人达到本科学历（见图1-2）。在所有行业中，从业人员研究生及以上学历占比最高的是科学研究和技术服务业（占比10.6%），其次是教育行业（占比7.5%）和金融业（占比7.2%），信息传输、软件和信息技术服务业的占比也达到6.4%。这表明高科技企业的知识资本较为丰富，高质量知识资本成为高科技企业的核心资源。

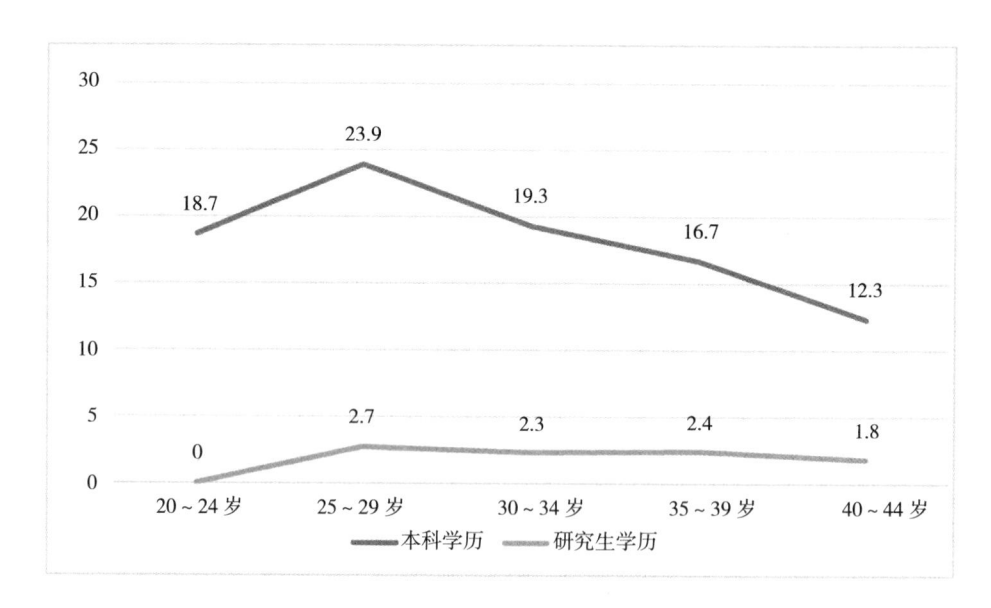

图 1-2 我国就业人员受教育程度情况（%）

资料来源：《中国人口和就业统计年鉴（2023）》。

知识资本是一种重要的企业无形资产，体现在企业员工拥有的知识、技能、经验和能力中，企业系统、流程、结构和网络中被制度化的知识里，以及企业内外部关系网络中包含的信息内，是企业竞争优势发挥作用的源泉，更是企业利润和绩效的重要转化渠道。从知识资本的内部结构来看，人力资本是其他知识资本的基础，组织资本是知识资本间互相转化的桥梁和纽带，社会资本和关系资本则是知识资本与其他外部结构发生作用的关键。从知识资本和创新的关系来看，具有创造力和经验丰富的员工更倾向于利用组织内部高效的流程、数据库、系统和组织内外部的关系网络资源，对组织内外部的知识进行整合，从而有助于企业创新的产生，并最终转化为企业绩效。

面对发达国家高端制造业的技术挤压和发展中国家低端制造业的价

格挤压，我国高科技企业实现由"依靠要素低成本优势"向"依靠知识创新优势"的转型升级，知识资本将是不可或缺的内部动力。高科技企业依托知识资本的创新驱动效应，有利于实现关键领域核心技术的突破，加快企业加快转型升级的步伐，从而实现企业效率的攀升以及"中国制造"向"中国智造"的伟大转变。

四、价值网络影响资源配置

在当今的全球化与信息化环境下，企业在价值网络中所处的位置逐步成为组织运营管理需要着重考虑的因素。处于不同网络位置的企业其内部资源配置必然有所差异，进而对企业绩效产生不同的影响。价值网络本质上是一张相互交叉、错综复杂和利益交错的竞争合作网，而企业在价值网络中的位置在很大程度上决定了企业获取各种资源的机会、类型和速率。价值网络对企业的影响不仅体现在资源获取上，还涉及企业与其他参与者之间的关系。在一个完善的价值网络中，企业能够更好地与供应商、客户、合作伙伴等各方进行互动和合作，从而提高企业的竞争力和市场地位。通过与价值网络中的各个节点进行合作和协作，企业可以快速获得信息、资源和支持，进而提升企业的业务效率和创新能力。在复杂多变的市场环境中，企业需要依靠价值网络中的各种信息和资源来及时调整企业战略，优化产品和服务，满足客户需求，以应对市场竞争和变化，提升企业运营管理的精准度和灵活性。

第二节　研究问题和意义

基于上述研究背景，本书的目的在于研究高科技企业进行技术创新、积累完善知识资本是否会对创新绩效产生影响，以及知识资本和价值网络是否在技术创新对创新绩效的影响中起到中介作用及具体的作用机制，从而为企业的技术创新、战略规划提供方向指导，将有限的资源投入对提升企业创新能力最有效的领域中，达到事半功倍的效果。

一、研究问题

本书的研究问题主要包括理论问题和现实问题两个方面。

1. 理论问题

目前学术界对于知识资本、创新绩效的研究已经相当丰富，但对于价值网络及其与技术创新、知识资本之间关系的研究较为匮乏，希望通过深入的研究分析，明晰高科技企业技术创新、知识资本和价值网络对创新绩效的影响，为高科技企业创新绩效的提升路径提供有益的指导和参考。基于此，本书提出相关理论框架，具体如下。

第一，高科技企业的创新绩效以及知识资本的现状如何？
第二，技术创新是怎样影响企业创新绩效的？
第三，知识资本是怎样影响企业创新绩效的？

第四，价值网络是怎样影响企业创新绩效的？

第五，高科技企业应当怎样协调企业资源、优化人力资源结构、完善价值网络，从而对企业的创新绩效产生积极影响？

2. 现实问题

现实问题重点是研究探索高科技企业如何提升创新绩效，形成新质生产力的路径。

在信息技术高速发展、数字经济浪潮席卷全球的背景下，世界各国纷纷大力推进数字化转型，规划战略性新兴产业与未来产业，以应对经济、社会、技术的变化。随着新一代信息技术，特别是人工智能、量子信息、工业互联网等的迅速发展与普及，在推进数字产业化的同时，也带动了新能源、新材料、先进制造、生物等行业的产业数字化。产业数字化可以通过数据驱动企业经营和业务模式的创新，有助于企业将更大范围内的资源和要素都整合起来，同时还能激励产业链上下游的相关企业、科研机构以及公共部门等各方进行协同创新，创造出更多的新的生产力，打造出新的发展动能和优势，从而实现高质量发展。

产业融合发展的驱动因素来自技术的融合、产品与服务的融合以及有利于产业融合的外部环境。技术融合是产业融合的先决条件，而新质生产力具有技术交叉融合的特征，既能促进产业分工，又能促进产业协同。产业融合的发展趋势，既体现在制造业和服务业的融合上，也体现在传统行业和新兴行业的结合上，同时也体现在产品和服务的内在联系上，而新质生产力具有广大的辐射范围，可以突破传统工业的壁垒，推动行业间的资源共享与合作创新，推动行业一体化发展。

与传统生产力不同，新质生产力的核心是在新发展理念的指引下，以科技创新为主要动力，将发展生产力与改善生态环境相结合，推动产业经济绿色转型，促进人与自然的和谐共存，从而达到经济高质量发展的目标。当前，人工智能、大数据、区块链以及量子通信等新兴科技的运用，催生了环境友好型的新产品和新业态，促进了新技术与传统行业的深度结合，不仅可以推动行业的升级转型，还可以实现节能减排、清洁生产和资源回收的目的，同时可以借助智能制造和数字化技术、环境管理和监控等手段，使生产技术绿色化，从而促进经济社会的绿色低碳发展。

当前正处于科学技术革新非常活跃的进程之中，出现了许多颠覆性的战略性新兴技术，它们以尖端领域的科学技术为基础，经过了技术的工程化和工业的转换，实现多学科、多领域技术的交叉与融合。

由战略性新兴技术、未来技术发展为战略性新兴产业与未来产业需要满足以下条件：首先，在将技术投入实际的生产之前，必须进行持续的研究、开发与验证；其次，必须要有一个庞大的市场，才能促进新技术源源不断地进行转变；最后，要有比较完备的创新与产业生态。战略性新兴产业与未来产业构成了一个复杂的体系，要推动"新兴技术—新兴产业"的进程，还需多元创新主体的共同努力，实现上下游产业链的协同发展。

要实现上述目标，必须跨过基础研究与应用技术研发间的"达尔文死海"，将研究成果产业化。其关键是要突破产业链上下游各环节对新技术的应用与推广造成的障碍与限制，统筹好创新链、产业链、资金链以及人才链在内的多个资源与因素，将创新网络与生产网络、价值网络相结合，推动战略性新兴产业、未来产业加速发展，加快形成新质生产力。

二、研究意义

在科技创新能力提升迫在眉睫的背景下，肩负发展新质生产力重任的高科技企业必须对自身的技术创新路径、知识资本现状以及所处的价值网络位置有一个清晰的认知，根据企业自身实际情况制定科学合理的创新能力提升方案。通过对高科技企业创新绩效的影响因素进行研究，清晰技术创新、知识资本、价值网络与创新绩效之间的关系，在理论层面有助于丰富相关的研究，在现实层面能够为科技企业提供一些借鉴。

1. 理论意义

本书的理论意义主要体现在以下三个方面。

第一，丰富高科技企业技术创新、知识资本对创新绩效影响的相关研究，为提升高科技企业创新绩效提供新的研究视角。现有研究表明，技术创新实际上是企业重新合理配置资源的过程，这里所说的资源并不限于企业现在拥有的资源，还包括企业为了技术创新未来可能会引进的潜在的资源，包括生产管理等阶段需要的各种人力资源、资金资源等，它们能够促使企业产生创新性的想法并转化为具体的行为，促进创新活动的执行与落地。知识资本是企业所拥有的能够推动创新活动的各种知识类资源，拥有丰富知识资本的企业能够更加轻松地开展创新活动，减少创新活动中的阻力。

第二，完善有关企业技术创新测度方法。有关企业技术创新的测量多以创新结果为导向，这种测度方法容易与创新绩效的测量相混淆，不利于进行技术创新的影响机制研究。本书以企业对技术创新的投入和战略规划为切入点，将技术创新划分为研发投入强度和技术人员强度两个维度，易于分析技术创新对企业创新绩效的具体作用机制。

第三，揭示价值网络对创新绩效的影响作用机制。处于价值网络中心位置、价值网络完整、与价值网络中其他成员关系更加紧密的企业，能够掌握更多有关市场变化、技术产品创新的信息，运用资源促进企业的创新活动，从而对企业创新绩效产生促进作用。但过往的大多数研究只是定性分析知识资本和价值网络对企业创新绩效的影响作用，对于知识资本和价值网络与创新绩效之间具体作用机制的定量研究较少。本书基于文献梳理和探索性案例分析构建技术创新、知识资本、价值网络与企业创新绩效的分析框架，引入链式中介效应模型，将知识资本和价值网络作为中介变量，研究技术创新对企业创新绩效的具体影响机制，拓展了相关研究，丰富了高科技企业提升创新绩效的理论与实证研究。

2. 现实意义

本书的重点在于论述高科技企业"技术创新—知识资本—价值网络—创新绩效"的链式中介效应关系，即高科技企业通过技术创新，提高企业的知识资本进而完善价值网络，最终提高创新绩效。本书的现实意义主要体现在以下三个方面。

第一，为高科技企业规划技术创新、资源投入提供思路。研究技术创新和知识资本及其作用机制，能够为企业有针对性地进行研发投入和技术创新提供方向指导，将有限的资金和资源投入对提升企业创新能力最有效的领域中。同时，研究知识资本和价值网络的中介作用，能够帮助企业在进行技术创新时实现企业战略与资源储备的匹配，充分发挥研发人员在企业创新活动中的主体作用，形成长久、稳定的企业创新原动力。

第二，为不同类型、不同发展阶段的高科技企业积累知识资本、嵌入价值网络提供模式参考。对高科技企业的创新绩效路径进行分析，必然要对企业的各类知识资本、价值网络位置等问题进行分析和解构，在此基础上，能够总结出适用于不同类型、不同发展阶段企业的最优发展模式。

第三，针对高科技企业创新能力提升问题提出管理与政策建议。近年来，中央和地方政府高度重视企业创新能力的培养，出台了一系列政策措施。许多高科技企业纷纷响应号召，投入大量资源提升企业创新能力，但如何通过技术创新提升创新绩效，如何有针对性地对企业拥有的知识资本进行补充，这都需要基于企业数据的实证检验。因此，本书研究就如何提升高科技企业创新绩效提供了一些管理建议，以期为准确制定相关的补贴政策、技术创新引领政策提供参考。

第三节　研究目标

本书的研究目标包括以下五个方面。

第一，总结我国高科技企业创新绩效、知识资本的现状。建立指标体系，对高科技企业的创新绩效、知识资本进行全面评估，从数据的变化中把握创新绩效、知识资本的变化趋势。

第二，梳理和识别高科技企业创新绩效的影响因素。通过查阅梳理国内外学者在技术创新、知识资本和价值网络等方面的文献和研究成果，总结归纳高科技企业创新绩效的影响因素，结合扎根理论对企业案例进行定性分析，形成完整的理论分析模型。

第三，研究技术创新对高科技企业创新绩效的影响。

第四，研究知识资本、价值网络与创新绩效之间的关系，以及链式中介作用机制。

第五，提出高科技企业提升创新绩效的路径、策略与建议。

第四节　研究对象

新质生产力是以新技术深化应用为驱动，以新产业、新业态和新模式快速涌现为重要特征，进而构建起新型社会生产关系和社会制度体系的生产力。发展新质生产力，是我国现代化建设的要求和推动高质量发展的重要着力点，可有效赋能企业国际竞争力跃升。高科技企业作为推动新质生产力发展的重要力量，研究其创新能力的提升路径，并通过提升科技创新能力从而形成新质生产力，具有一定的理论意义。有关创新绩效提升的研究已非常丰富，但知识资本和价值网络等影响因素并未受到广泛关注，本书以技术创新为自变量，知识资本和价值网络为中介变量，研究其共同对因变量创新绩效的影响作用机制，在此基础上，导入技术创新理论、价值网络理论、资源基础理论、现代市场竞争理论和价值导向管理理论，通过深入的研究分析，明晰高科技企业技术创新过程中知识资本和价值网络的重要作用及其影响因素，并据此提出相关理论框架和政策建议，为高科技企业提升技术创新和创新绩效提供有益的指导和参考。

高科技企业主要是指经营范围在国家颁布的《国家重点支持的高新技术领域》内，进行研究开发和技术转化活动，以企业核心自主知识产权为基础展开经营活动的企业。高科技企业是时代和科技发展的必然产物，也是推动我国经济社会发展的重要力量。高科技企业的认定具有严格的标准，原国科委颁布《国家高新技术产业开发区高新技术企业认定办法和条件》(1991年3月)，现科学技术部在2000年7月又针对相关条款进行了更新，认定内容包括产品目录、职工学历、研究经费占比、高科技产品收入占比和企业负责人情况。在我国，高科技企业不只包含生产高科技产品的企业，一些采用高科技工艺生产产品的传统企业也属于此范畴。具体而言，高科技企业的行业范围主要包括电子与信息技术、生物工程和新医药技术、新材料及应用技术、先进制造技术、航空航天技术、现代农业技术、新能源与高效节能技术、环境保护新技术、海洋工程技术、核应用技术以及其他在传统产业中应用的新工艺、新技术。只要企业从事了上述范围中的一种或多种，且研发人员结构、研发经费和销售收入占比符合要求，都属于高科技企业。

第五节　研究内容

本书从高科技企业创新绩效提升的角度出发，致力于研究高科技企业技术创新、知识资本和价值网络对企业创新绩效的影响作用机制。首先，梳理分析高科技企业技术创新、知识资本、价值网络和创新绩效的概念，在现有研究结论的基础上总结高科技企业技术创新、知识资本、价值网络和创新绩效各变量之间的作用机理，通过对具有代表性的高科技企业调研访谈获取的数据进行编码，得到各核心范畴之间的作用机理，由此构建本书的研究模型，并提出理论假设。其次，收集本书所需的样本数据，采用实证分析方法依次对研究假设进行验证，对实证结果展开分析与讨论。最后，根据实证结果分析及我国高科技企业的研发活动和技术创新现状得出研究结论，并提出相应的建议，以帮助高科技企业更有效地提升创新绩效。

第一部分为绪论。首先，介绍研究背景，提出相关问题；其次，对研究意义、关键概念界定、研究方法等进行阐述，说明本书可能的创新点，并设计本书的基本结构。

第二部分为理论基础与文献综述。详细梳理本研究相关的价值网络理论、技术创新理论、资源基础理论、现代市场竞争理论和价值导向管理理论等，同时对本研究涉及的概念的度量和维度、变量间关系进行归纳和整理。

第三部分为扎根理论分析。选取三家高科技企业进行案例研究，依据扎根理论初步形成概念分析框架，并对主要变量之间的关系提出预设。

第四部分为研究方法与设计。在探索性案例研究的基础上展开理论和逻辑推导，并对高科技企业技术创新、知识资本、价值网络与创新绩效之间的关系进行深入探讨，总结变量间的作用机理，提出假设。

第五部分为实证分析。在研究假设和研究模型的基础上，根据已有研究确定不同变量的度量方式，收集数据分析所需的数据，确定具体的数据分析方法。

第六部分为策略与建议。基于企业数据的实证研究与分析结果，对不同类型高科技企业的创新能力发展模式，以及提升创新绩效的路径和策略给出相应建议。

第七部分为研究结论与展望。总结本书的研究结论、实践启示,同时阐述研究的局限性与不足,并据此提出未来展望。

本书的研究技术路线,如图1-3所示。

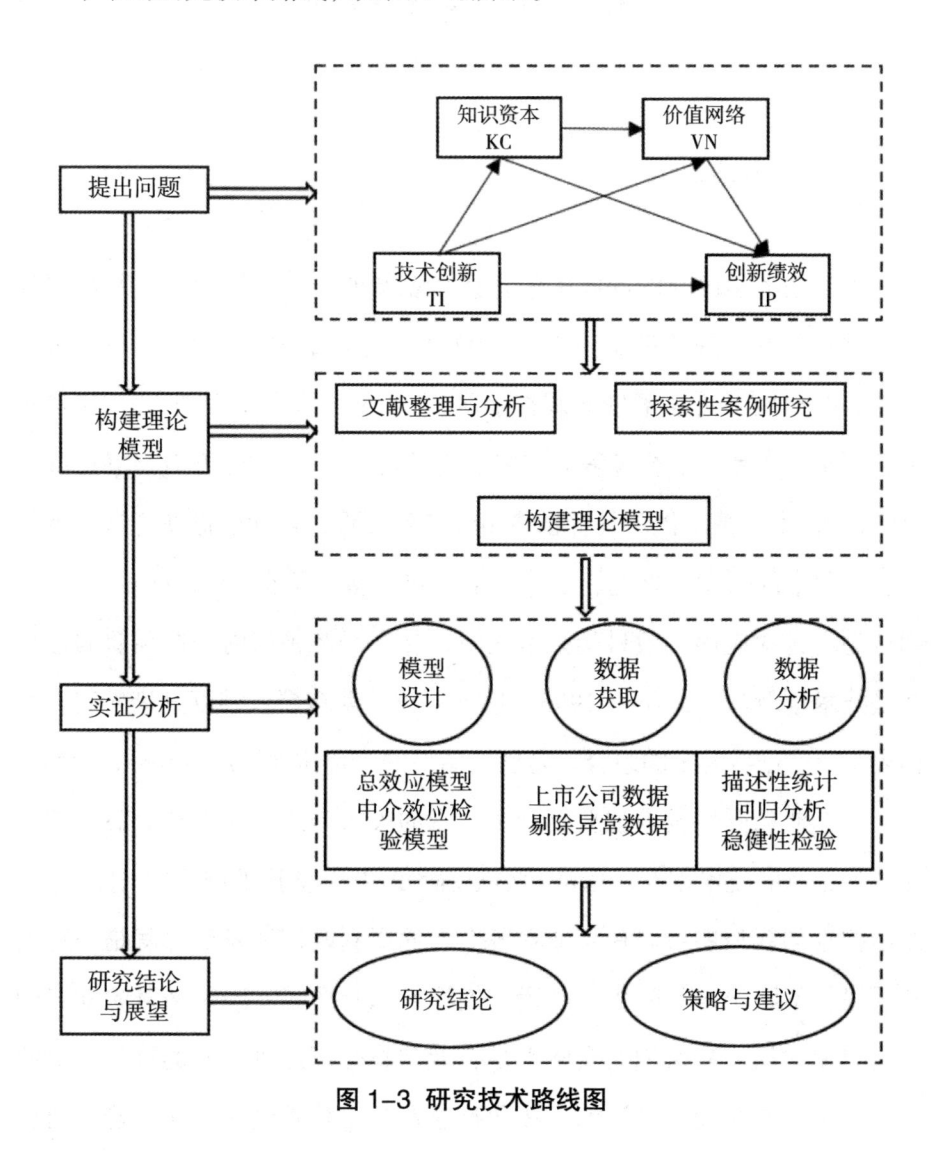

图1-3 研究技术路线图

第六节　概念界定

一、技术创新

随着经济学研究的深度探索，技术创新的概念应运而生，并被视为企业进步与发展的关键驱动力。1992年，经合组织（OECD）与欧盟统计局联合出版了《技术创新调查手册》（也称《奥斯陆手册》），将技术创新定义为产品、工艺显著的工艺变化或新产品、工艺的问世。Freeman（1997）认为，技术创新是存在诸多环节的过程，包含引进新产品或者新工艺过程中的研发、管理、设计、生产和市场等环节。Stoneman（1983）则认为，首次应用某项科学技术发明，并在经济领域内创造利润的过程就是技术创新。Drucker（1993）指出，技术创新绩效难以直接界定，其代表了所有创新元素的组合，是创新结果的综合体现。Hagedoorn（2003）认为，企业在开展技术创新活动时呈现的投入与产出效率和效益，即可被视为企业的技术创新。唐洁和葛玉辉（2023）从技术创新的对象出发，提出技术创新只要可以让企业在各个方面得到改进和发展，就是一种创新手段，不限于企业的生产阶段。刘军航和叶浩（2023）从资源配置的角度出发，认为技术创新实际上是企业重新合理配置资源的过程，资源不限于企业现在拥有的资源，还包括企业为了技术创新未来可能会引进的潜在的资源，包括生产管理等阶段需要的各种人力资源、资金资源等。马鸽和张韬（2024）通过研究企业的绿色技术创新对企业环境绩效的影响，指出企业进行绿色技术创新能够为企业创造环境绩效提供长期的动力，并且绿色技术创新能够帮助企业获得政府部门的政策扶持、资金支持，优化企业的资金情况。姬新龙和董木兰（2023）认为，绿色技术创新对重污染型企业的全要素生产率有着显著的促进作用，企业进行生产经营活动的环境成本也是一项影响企业长期发展的成本因素，当企业注重进行绿色技术创新，那么企业的环境成本将大幅降低，同时将会提高企业的关注度与曝光度，解决企业的融资难题，增加资金来源，从而提高企业的经营效益。

技术创新概念的发展，大致如表1-1所示。

表1-1 技术创新概念的发展

学者	时间	观点
约瑟夫·熊彼特	1912年	技术创新本质上是对企业生产要素的重构，它不仅重塑了企业的运营逻辑，同时也在宏观角度深远影响着社会的经济进步
Stoneman	1983年	技术创新是首次应用某项科学技术发明，并在经济领域内创造利润的过程
Hagedoorn	2003年	技术创新是企业在开展技术创新活动时呈现的投入与产出效率和效益
唐洁和葛玉辉	2023年	技术创新只要可以让企业在各个方面得到改进和发展，就是一种创新手段，不限于企业的生产阶段
刘军航和叶浩	2023年	技术创新实际上是企业重新合理配置资源的过程，资源不限于企业现在拥有的资源，还包括企业为了技术创新未来可能会引进的潜在的资源

可见，学者主要是将技术创新视为企业生产过程中某个或多个要素

的改变，从结果导向出发，技术创新除了以促进企业经营绩效、产品力为出发点的技术创新活动，以实现环境保护、"双碳"目标为出发点的绿色技术创新也成为近年来的研究热点问题。因此，本书认为，技术创新就是能够使企业在某些方面得到改善的新技术、新发明。技术创新主要包括三种类型：一是新产品或服务的产生，通过新技术或新发明使企业创造了与已有产品有显著差异的新产品；二是产品或服务的优化改进，在已有产品的基础上，新技术、新发明提升了产品性能带给消费者的体验价值；三是产品或服务的生产工艺、管理运营的创新，这类创新主要的特征在于提升了效率，包括某一个产品生产方法的改进、成本的降低，以及通过技术手段实现的管理创新。

二、知识资本

知识资本早期被当作人力资本的同义词，1969年美国经济学家Galbrainth首次提出知识资本（也称为智力资本）的概念，学术界尝试将其引入科学文献之中，自此许多有影响力的文献诞生。这些文献对于知识的理解大致可分为三类，分别是基于"人"的知识观、基于知识的资源观和基于知识的资本观。Roos和Roos（1997）基于"人"的知识观认为组织的核心竞争力来源于组织中的个体成员，他们掌握并控制着组织中的知识，换言之，随着员工的流动和迭代，组织现有的知识也会消亡和更新。后来，学者们意识到组织拥有的知识不总是随着拥有这些知识的员工的变化而变化，即使拥有这些知识的员工离职后，这些知识也可能会以某种形式留存在组织当中，于是，知识资源观逐步成形。Nahapiet和Ghoshal（1998）将知识视为一种宝贵的企业资源，是实现竞争优势的关键。随着知识经济的来临，知识资本观的影响力越来越大，该观点认为知识资产的价值超越了有形企业价值，组织的价值创造主要依靠于无形资源和能力，即知识资本。至此，知识资本的重要性和价值——重要的战略资源、企业持续竞争力的来源、企业利润和财富转化渠道等，基本得到公认。

虽然学者们对知识资本定义的表述各不相同，但分析后不难发现，早期有关知识资本的概念里有许多共同的字眼，如无形资产、总和、竞争优势来源，这说明早期研究的知识资本在形式上是隐性的、在数量上是资产的总和、在作用上是形成企业竞争优势和财富的重要来源。这些学者对知识资本内涵的经典表述，仍然被后来的不少学者所引用。Inkinen（2015）将知识资本定义为可以体现公司持续竞争优势的所有知识和能力的组合。Duodu等（2019）将企业的知识资本描述为企业为获得竞争优势而使用的所有知识的总和。除对已有概念的总结和归纳之外，也有一些学者依据研究内容对现有概念进行拓展，如Hayton（2005）在文中指出知识资本包括可能为公司创造价值的有形和无形知识资源，打破了以往只针对无形知识资本的研究现状，将知识资本延伸到有形知识资源领域。不过，目前大多数文献仍然将知识资本视为企业的隐形资产，因此在本书的研究中继承该观点，认为知识资本是企业拥有的隐形和无形资产。随着研究的深入，知识资本的概念也在不断丰富发展，知识资本的研究领域由微观企业逐渐走向宏观经济层面。Serenko和Bontis（2004）认为知识资本是个人、组织、区域等存在的隐性价值。刘思嘉（2009）认为区域知识资本为人才、技术、文化等可促进地区经济发展，实现社会进步的因素，并将其划分为人力、技术、环境及组织资本四个方面。赵馨燕（2023）认为知识资本是企业能够创造价值的无形资产，是知识性质的元素，主要包括员工层面的知识、经验、才能，以及组织层面的结构优势、制度、经验等。杨静思（2023）认为知识资本就是企业中以员工和员工的知识成果为载体的所有专业知识的总和，这些专业知识通过工作和价值创造能够体现出具体的价值，包括员工已经获取的知识和技能以及员工正在创造的知识和成果。

知识资本概念的发展，大致如表 1-2 所示。

表 1-2 知识资本概念的发展

学者	时间	观点
Galbrainth	1969 年	知识资本是与知识性活动相关的资本
Roos 和 Roos	1997 年	组织的核心竞争力来源于组织中的个体成员，他们掌握并控制着组织中的知识，随着员工的流动和迭代组织现有的知识也会消亡和更新
Nahapiet 和 Ghoshal	1998 年	知识是一种宝贵的企业资源，是实现竞争优势的关键
Hayton	2005 年	知识资本包括可能为公司创造价值的有形和无形知识资源，将知识资本延伸到有形知识资源领域
Inkinen	2015 年	知识资本是可以体现公司持续竞争优势的所有知识和能力的组合
赵馨燕	2023 年	知识资本是企业能够创造价值的无形资产，是知识性质的元素，主要包括员工层面的知识、经验、才能，以及组织层面的结构优势、制度、经验等

知识资本具有知识性、无形性、难以模仿性、高收益性和稀缺性的特征。

知识资本的产生源于知识的积累，这是其知识性的体现。企业管理者以及研发人员在工作实践中总结了管理经验、操作经验以及新的技术，这类新知识都需要经过"实践—知识产生—知识加工—知识管理—知识吸收应用"的过程，而其他的知识资本例如企业文化、组织结构、商业模式同样需要经过知识积累过程才能升华为知识资本，即知识资本的形成过程不同于普通的物质资本。

知识资本是抽象的，难以直接衡量其价值，这是其无形性的体现。例如，企业的一项新的发明专利不能直观地标注其具体价格，但是可以通过优化某产品的生产工艺降低成本从而间接为企业带来价值。这表明知识资本的价值依附于实际价值载体，新的技术工艺依附于受其影响的产品，员工的素养、能力也依附于个人的工作过程，当知识资本脱离价值载体，那么将会失去价值。

知识资本是难以模仿的。这是因为，知识资本发挥作用需要通过一定的路径，只有依靠特有的路径才能激发知识资本的作用，所以模仿者很难简单复制一项知识资本。

知识资本具有高收益性和稀缺性。从区域发展的角度来看，知识资本越丰富，地区的发展水平就越高，这是不争的事实，人口素质较高、人才吸引力强、教育文化事业发达的地区往往经济水平更好。从企业发展的角度来看，优秀的人才能够从根本上影响一个企业的发展前景，为企业带来高额的回报，而正是由于知识资本的这一特性，因此知识资本成为各个企业乃至各个地区的争夺目标，也使得知识资本成为稀缺资源。

基于以上分析，本书认为，知识资本是企业拥有的无形资产，是企业所拥有的能够促进价值创造的知识类资源，主要包括员工层面的知识、经验、才能，以及组织层面的结构优势、制度、经验等元素。

三、价值网络

价值网络的概念来源于"价值链",价值网络理论也是由价值链理论发展而来,1985 年,迈克尔·波特(Michael E.Porter)提出价值链是指企业内部相互关联的价值创造活动。之后,仅关注企业内部活动的价值链理论,逐渐发展为从企业外部关系、产业链的角度解决企业经营的实际问题,企业复杂的内外部价值链共同形成了企业的价值网络。自此,有关企业价值网络的研究开始涌现。Bovet 和 Martha(2000)指出价值网络的作用在于使企业与其所有利益相关者连接起来,推动企业形成一个完整的、快速反应的价值创造体系,能够根据市场动态、利益相关者的信息做出快速反馈与响应,更好地满足客户需求,提高价值创造的效率。Rylander 等(2006)指出价值网络除了能够维护企业与利益相关者的关系,还能够演化为一种"通信工具",企业依靠这一工具能够挖掘新的合作伙伴,甚至将目光扩展至其他行业,开展跨行业合作,价值网络能够自发扩展。Brehmer 等(2018)深入研究了不同行业、不同类型的价值网络,指出价值网络的具体功能在于促进价值创造、实现价值传递并为价值获取提供便利。

国内较早研究价值网络的是李垣和刘益(2001),他们指出价值网络源于价值链的概念,与价值链理论相比,价值网络理论注重利益相关者的交互,动态分析企业的价值创造过程,同时考虑资源的多向配置以及价值系统中的多重影响,利益主体的需求、资源及其配置、市场规则、信息及信息交流和价值活动共同组成了价值网络。吴海平和宣国良(2002)通过动力学模型分析价值网络的定义以及本质特点,认为价值网络是因产品或服务的价值互补性围绕价值创造、分配和使用的结构形成的。

价值网络概念的发展，大致如表 1-3 所示。

表 1-3 价值网络概念的发展

学者	时间	观点
迈克尔·波特	1985 年	价值链就是指企业内部相互关联的价值创造活动
Bovet 和 Martha	2000 年	价值网络是企业形成的完整的、快速反应的价值创造体系，能够根据市场动态、利益相关者的信息做出快速反馈与响应
李垣和刘益	2001 年	价值网络源于价值链的概念，与价值链理论相比，价值网络理论注重利益相关者的交互，动态分析企业的价值创造过程
吴海平和宣国良	2002 年	价值网络是因产品或服务的价值互补性围绕价值创造、分配和使用的结构形成的
Rylander 等	2006 年	价值网络是一种"通信工具"，企业依靠这一工具能够挖掘新的合作伙伴，甚至开展跨行业合作
赵馨燕	2023 年	知识资本是企业能够创造价值的无形资产，是知识性质的元素，主要包括员工层面的知识、经验、才能，以及组织层面的结构优势、制度、经验等

基于以上分析，本书认为，价值网络是由企业自身、竞争对手、合作伙伴以及客户等多重经济关系共同组成的网络体系，并将价值网络划分为三种基本形式，分别是以客户为核心的价值创造网络、以生产企业为核心的合作关系网络、以网络主体间关系为核心的竞争关系网络。

四、创新绩效

约瑟夫·熊彼特（Joseph A.Schumpeter）最早在《经济发展理论》（1912）一书中从技术与经济相结合的角度对创新进行理解，认为创新是将生产要素进行重新组合，并通过企业家的职能将其引入生产体系中，以获得最大化的超额利润。创新主要分为工艺创新、产品创新、组织创新、市场创新和资源配置创新。同时指出，创新意味着必须能够创造出新的价值，强调了创新的商业化与收益化特征。Drucker（1993）指出创新绩效就是通过创新活动能够获得的所有综合成果。我国学者朱庚春（1997）认为创新绩效是技术创新的成果，产品的创新是技术创新带来的影响，因此创新绩效就是产品创新。傅家骥（1998）对创新绩效的定义为"企业家以获取利润为目的，对生产条件和要素进行重新组合，从而推出新产品、新工艺方法并开辟新市场，获得新的原材料、半成品供给来源或建立企业新组织"，对企业创新绩效的理解侧重于创新的产出效益。张仲英（2000）认为创新绩效是指企业技术创新活动的效率，不能单纯地用产出指标反映企业创新绩效，要通过创新投入与产出相比较才能体现创新绩效中的"绩效"二字。罗震世等（2011）认为创新绩效就是企业利用自身的各种技术对其拥有的资源进行有效的开发与使用，从而取得的系列创新成果，是一种综合收益。沈锭荣与王琛（2012）认为创新绩效是投入创新资源后生产出的成果，包含新产品、新工艺、新技术和申请的新专利等，并将那些能在创新成果的基础上让企业获得更多效益的创新定义为"成功的创新"。张国富和张有明（2022）认为创新绩效是企业研发活动的产出表现，专利类型中发明专利最能体现企业的创新产出能力，实用新型专利与外观设计专利两种专利类型则不能很好地反映企业的创新产出能力。

创新绩效概念的发展，大致如表 1-4 所示。

表 1-4 创新绩效概念的发展

学者	时间	观点
约瑟夫·熊彼特	1912 年	创新绩效是将生产要素进行重新组合，并通过企业家的职能将其引入生产体系中，以获得最大化的超额利润
Drucker	1993 年	创新绩效就是通过创新活动能够获得的所有综合成果
朱庚春	1997 年	创新绩效是技术创新的成果，产品的创新是技术创新带来的影响，因此创新绩效就是产品创新
张仲英	2000 年	创新绩效是指企业技术创新活动的效率，不能单纯地用产出指标反映企业创新绩效
罗震世等	2011 年	创新绩效就是企业利用自身的各种技术对其拥有的资源进行有效的开发与使用，从而取得的系列创新成果，是一种综合收益
沈锭荣与王琛	2012 年	创新绩效是投入创新资源后生产出的成果，包含新产品、新工艺、新技术和申请的新专利等

虽然大部分研究将企业创新绩效等同于创新产出效益，但也有许多学者认为企业创新不是一蹴而就的，而是一个多阶段的活动，需要综合考虑创新投入与创新产出，用创新的投入产出比衡量创新绩效。基于以上分析，本书认为，创新绩效就是在某一期间、在一定的资源约束和环境影响下企业创新的产出效益。

第七节 主要创新点

一、观点创新

以往的大多数研究将技术创新和创新绩效的概念混为一谈,将二者都视为一种企业创新活动的结果,实际上技术创新并非一种结果,而是涉及企业的资源分配和战略选择。技术创新与创新绩效之间的正相关关系看似是不言而喻的,但是技术创新对创新绩效的作用机理有待进一步深入研究,包括如何进行技术资源分配、如何进行资金投入可以最大限度地提升创新绩效,以及不同发展阶段的企业应当如何制定创新战略。本书将创新绩效视为技术创新的结果,探讨有关技术创新的资源分配和战略选择,该观点具有一定的创新性。

二、构建链式中介模型

对于高科技企业创新绩效影响因素的研究尚处于起步阶段,有关变量之间相互关系的研究较少,尤其是知识资本与价值网络的关系、价值网络与创新绩效的关系、技术创新与价值网络的关系这三方面的文献资料难以形成体系化的概念模型。为了完善理论模型的内容,提高模型的科学性,本书采用探索性案例分析与文献梳理相结合的方法构建理论模型,对符合条件的高科技企业进行深度访谈,从访谈材料中提炼数据,并对数据进行编码处理，总结变量间的作用机制。按照此方法，构建了"技术创新—知识资本—价值网络—创新绩效"的链式中介模型，该模型在关于科技企业创新绩效的研究中属于首创，能够完善有关知识资本和价值网络作用机制的研究。

三、对价值网络进行量化研究

价值网络就是由企业自身、竞争对手、合作伙伴以及客户等多重经济关系共同组成的网络体系。目前对于价值网络影响的实证研究主要是用价值网络位置对价值网络这一概念进行量化，缺乏从价值网络完善程度、丰富性、稳定性角度入手开展的研究。由于价值网络是分析企业经营问题时的一个重要客观条件，因此本书将价值网络引入研究框架，将其作为中介变量，试图从价值网络这一新视角探讨技术创新、知识资本对创新绩效的影响机制，厘清技术创新、知识资本、价值网络和创新绩效之间的逻辑关系。

● **本章小结**

首先，介绍了本书的研究背景。在国家的大力支持下，提升创新能力成为高科技企业经营活动的主要方向，而随着国际竞争日益激烈，知识资本逐渐成为企业发展的核心资源，技术创新、知识资本、价值网络与创新绩效之间的关系成为本书的主要研究问题。其次，阐述了本书的研究意义、研究方法以及研究思路与结构安排。本书涉及的核心概念是技术创新、知识资本、价值网络和创新绩效，在研究视角、模型构建方法和分析方法方面实现了创新。

第二章

理论基础与
文献综述

本章主要介绍能够对本书研究问题起到解释作用的基础理论，包括技术创新理论、价值网络理论、资源基础理论、现代市场竞争理论和价值导向管理理论，并分别从概念、特征、测量、维度以及研究现状等角度对本书的关键概念技术创新、知识资本、价值网络和创新绩效进行文献综述，初步确定本书的研究内容、变量间关系以及研究模型。

第一节　相关理论基础

围绕高科技企业如何开展技术创新活动、积累知识资本和深度融入价值网络从而提升创新绩效的问题，本书引入技术创新理论、价值网络理论、资源基础理论、现代市场竞争理论和价值导向管理理论，以丰富本研究的理论内涵。

一、技术创新理论

技术创新理论最早由约瑟夫·熊彼特在其《经济发展理论》（1912）一书中提出。熊彼特认为，技术创新本质上是对企业生产要素的重构，它不仅重塑了企业的运营逻辑，同时也在宏观角度深远影响着社会的经济进步；创新的主体是企业，企业由企业家建立，企业家对利益的追逐驱动企业家产生了企业家精神，从而使企业家突破传统、进行创新探索；技术创新主要有开辟新市场、创造新产品、使用新的生产方式、进行产业新组合、获得原材料或中间产品的来源五种形式。

随着现代社会知识水平的持续提升，学术界对技术创新有了更为深入的洞察。在熊彼特技术创新理论的基础上，逐渐演变出另一个技术创新理论学派——新古典学派，由美国经济学家罗伯特·索洛（Robert M.Solow）于1957年提出。索洛认为技术创新对经济发展的推动作用不容忽视，但仅依赖市场力量来驱动创新可能会引致效率低下。其以"市场失灵"为出发点，指出技术创新因其漫长的周期性、研发的复杂性以及最终成果的溢出效应，存在着独特的运行规律。最初取得技术创新成果的企业难以独占创新成果，竞争者相互模仿，低成本获取与最初研发成果相似的成果，这将导致进行技术创新活动的企业无法正常获得收益，收益与投入不相匹配，没有企业愿意成为技术创新者，这将导致市场失灵。因此，建议政府通过适当的干预来消除这一弊端，政府通过"有形之手"调控市场从而在市场失灵时及时纠正，保护企业的创新成果，确保企业技术创新活动有收益，从而推动整个市场技术创新的良性循环。此外，索洛还认为，资本和技术创新存在互补的关系，二者共同促进企业的成长，而制度创新也是技术创新的重要影响因素，为后续学界对于制度创新理论的研究奠定了基础。

1971年，美国经济学家兰斯·戴维斯（Lance E.Davis）等在《制度变革与美国经济增长》中提出了技术创新的制度创新理论。该理论认为，技术创新和企业发展的关键在于存在一个能够有效激励个人的制度，这种制度决定了资源分配的方式，能够提高个人收益率的制度就是个人探索变化的动力，因此，技术创新需要一个能够保护创新成果所有权、提高个人创新收益率、减少创新活动不确定性的制度体系（包括政治制度、宏观经济制度、企业管理制度、工会制度等）。

1986 年，保罗·罗默（Paul Romer）指出技术创新是知识积累的结果，知识分为一般知识和专业知识，一般知识使企业获得规模收益，专业知识为企业带来垄断利润，知识的存在使企业资本、劳动等企业投入要素的收益递增，能够促进企业的长期稳定成长。

综上所述，技术创新理论的发展大致如表 2-1 所示。

表 2-1 技术创新理论的发展

学者	时间	观点
约瑟夫·熊彼特	1912 年	技术创新本质上是对企业生产要素的重构
罗伯特·索洛	1957 年	技术创新也会出现"市场失灵"，需要适当进行宏观调控
兰斯·戴维斯	1971 年	制度驱动技术创新，促进技术创新的关键在于优化技术创新制度体系
保罗·罗默	1986 年	技术创新是企业知识积累的结果

尽管众多学者以各自的视角探讨技术创新的内涵，观点各异，但核心共识在于技术创新源于技术革新与应用创新的交融，具有独特的创新性，并经历了从概念孕育到商业转化的过程。它本质上是一种与市场紧密交织的经济行为，驱动企业的业绩增长。企业通过持续的研发投入，挖掘新的业务增长点，借助先进的生产技术和管理方式，重塑组织架构和运营模式，旨在降低生产成本，优化生产效率，为消费者提供更具价

值的服务，借此提升市场竞争力，从而推动盈利增长。然而，技术创新并非总是稳赚不赔的投资，而是伴随着高风险，因此，企业在尝试创新之前，必须全面审视自身的经营状况和行业未来前景，充分考量新产品的技术可行性、市场接受度以及时效性。在当前市场快速变革的大环境下，企业需迅速适应并做出相应调整，无论是产品设计还是生产工艺的创新，都要在满足外部市场需求的基础上，进一步地对内部的企业文化产生深远的积极影响。这样的创新策略不仅是为了应对外部压力，也是塑造企业文化活力的关键举措。技术创新的形态一般有五种：一是运用新的生产要素，即大众不熟悉的生产要素；二是采取新的生产方式，这种生产方式尚未被运用于类似的生产系统；三是开拓新的市场；四是控制原料，包括控制还没有成型的产品的原材料或开发新的生产原材料；五是创建一个新的市场形式，如打破原有的垄断或者利用自己的优势形成天然的垄断。

通过对技术创新理论进行分析发现，只有企业才是创新的主体。首先，技术创新的需求者是企业，而研究院所、高校则是技术创新的提供者。具体的流程是：研究院所、高校提供技术创新，企业根据其发展潜能和市场情况进行价值评估，并根据评估的结果，把有潜力的技术创新产品投放到市场上去。在利益的驱动下，公司有了解消费需求和市场趋势的意愿，而作为技术提供者的高校和研究所在对市场趋势的把握上缺乏足够的动力。其次，研究表明，大多数的技术创新过程都是由企业来完成的。一个行业或一个企业，在漫长的时间里积累了许多与该行业的技术创新有关的知识，这种知识往往会形成行业或企业独有的特性，而科研机构又很难提供这些技术给企业，这就决定了企业是科技研发的主体。再次，从基础知识走向市场需要一个长期的过程，新产品的研究开发、工程化、商品化和对市场需求的研究，往往无法依靠理论得到，而是通过大量的实际操作来完成的，这需要花费很多的时间和金钱，只有企业才能做到这一点。最后，非常重要的一点是，只有建立了现代公司制度，才可以成为企业创新的载体，这样的公司才具有将创新投入变为实际收入的能力。

在本书中，运用技术创新理论能够对技术创新进行准确的概念界定，同时解释技术创新对知识资本、价值网络以及创新绩效的影响。技术创新活动本身是一种探索，在探索的过程中，人员结构的优化、员工综合素质的提升都是水到渠成的事情，并且企业也将在技术创新的探索过程中积累管理经验，提高运营能力。同时，技术创新活动能够提升企业知名度，吸引更多的企业成为价值网络中的一员。

二、价值网络理论

价值网络理论是由价值链理论发展而来。1985 年，迈克尔·波特在《竞争优势》一书中提出了价值链的概念，即企业进行的所有与研发、生产、销售、服务和辅助产品相关的价值创造活动的集合体，这些活动又可以大致分为基本活动和辅助活动，所有的价值创造活动共同组成了价值创造的动态过程。1998 年，迈克尔·波特在企业大量开展跨国业务、国际商务外包的背景下，在价值链的基础上进一步提出了价值体系的概念，即企业为实现价值创造而建立的跨企业价值链体系。

Gereffi（1999）在价值体系的基础上，提出了全球价值链的概念，他以跨国企业为研究对象，指出全球范围内的各个企业都是全球价值链的一部分，全球范围内的企业商业活动呈现出网络化的特征，每一个企业都是全球价值链的一个节点，每一个节点企业都进行着价值创造活动。该理论强调的"节点"概念成为后续价值网络理论的要素之一。Arndt 和 Kierzkowski（2001）认为企业的生产过程逐渐呈现出碎片化、分割化的现象，这需要同一价值链条生产过程中不同环节的企业通过网络组织的形式整合起来，这种网络组织可能是企业内的网络，也有可能是多个企业进行合作形成的网络。1998 年，亚德里安·斯莱沃斯基（Adrian J.Slywotzky）在《利润区》一书中首次提出了价值网络的概念，价值网络是一种全新的企业运营模式，它将顾客日益提高的苛刻要求和灵活、有效率、低成本的制造相连接，采用数字信息快速配送产品，避开了代理高昂的分销层，将合作的提供商连接在一起，以便交付定制的解决方案，将运价提升到战略水平，以适应不断发生的变化；它强调企业与供应链上的利益相关者共同应对多元市场变化和全球化的挑战，通过整合资源以达成目标。随着理论的发展，价值链被纳入供应链管理框架，其中企业以追求最大利润为目标，与供应商、客户和合作伙伴构建起能够快速对市场动态做出反应的动态联盟。

学术界对价值网络理论进行了深入探讨，Basole 和 Rouse（2008）提出，价值网络是由供应商、合作者、竞争者及客户等多元主体间的密切互动构成的动态体系，该体系以满足客户需求为首要任务，各参与者协同工作以强化市场地位，共同追求效益最大化。Pagani（2013）认为，在价值网络中，各个利益相关者之间存在着错综复杂的交互作用，通过价值创造、转移和实现来提升企业价值。价值创造侧重于以用户价值为导向，利用企业的核心资源和能力制造并提供符合用户需求的产品或服务；价值转移表现为在供应商、客户、伙伴和竞争对手相互交织的网络中，利益主体妥善管理这些关系，在价值流动中实现资源共享；价值实现是指企业在实现用户价值主张的过程中实现自身的价值,这是所有价值网络参与者共同追求的目标。

综上所述,价值网络理论的发展大致如表 2-2 所示。

表 2-2 价值网络理论的发展

学者	时间	观点
迈克尔·波特	1985 年	价值链是指企业进行的所有与研发、生产、销售、服务和辅助产品相关的价值创造活动的集合体
	1998 年	价值体系是指企业为实现价值创造而建立的跨企业价值链体系
亚德里安·斯莱沃斯基	1998 年	价值网络将顾客日益提高的苛刻要求和灵活、有效率、低成本的制造相连接
Gereffi	1999 年	全球范围内的企业商业活动呈现出网络化的特征,每一个企业都是全球价值链的一个节点,每一个节点企业都进行着价值创造活动
Basole 和 Rouse	2008 年	价值网络是由供应商、合作者、竞争者及客户等多元主体间的密切互动构成的动态体系

企业拥有的价值网络主要分为内部价值网络和外部价值网络两种形式。内部价值网络主要聚焦组织协同,涵盖了同部门个体或不同部门个体间的紧密联系,例如研发员工和行政员工的协同,以及各不同职能部门间的紧密联系,例如生产部门和营销部门的协同。这些协同关系围绕着核心业务流程构建,形成了一种动态的内部合作网络。与之相对的是,外部价值网络则延伸至组织的边界之外,涉及与产业链投资者、合作伙

伴以及客户之间的广泛连接。这种网络超越了组织和行业的界限，其目标是共同创造特定的价值或成果。外部价值网络可以进一步细分为三种独特的形态：垂直市场网络是一个围绕特定专业领域而形成的紧密集群，所有参与者都服务于同一个细分市场；跨行业联盟网络由不同行业背景的企业联合构建，旨在共享资源和机遇；机会性合作网络由企业临时性地集合，围绕特定项目形成临时性的合作关系。

在本书中，运用价值网络理论能够解释价值网络对创新绩效的影响，以及价值网络在技术创新、知识资本对创新绩效的影响中发挥的中介作用。企业自身、供应商、合作伙伴以及客户共同组成了一个价值网络，而价值网络形成的动力就是网络中各个节点的企业想要共同提升实力，实现利益最大化，这一追求成为企业进行创新活动的动力，同时，价值网络中各个主体复杂的联系促成了企业间的合作以及价值传递、资源共享，提升了创新绩效。

三、资源基础理论

资源基础理论的研究对象是企业拥有的资源基础，即一个企业在某行业中所拥有的全部资源。资源基础理论以企业拥有的资源基础为根基，研究企业的资源获取能力和应用能力，以及企业所拥有的核心独特资源，从这一视角探索企业竞争力提升的路径和盈利模式。如果一家公司所掌握的资源是其他公司很难模仿的，那么这种资源就可称为核心独特资源，核心独特资源体现了企业的差异性。

1959 年，安蒂思·潘罗斯（Edith Penrose）在《企业增长理论》一书中提出企业是一种资源的集合体，企业拥有的资源是企业成长的动力，成为企业成长的动力同时也限制了企业成长的速度。潘罗斯的企业成长理论被认为是资源基础理论研究的源头。1984年,美国学者伯格·沃纳菲尔特(Birger Wernerfelt)在《企业的资源基础论》一书中最早提出了企业的资源基础理论,这意味着资源基础理论的成熟。他认为企业所拥有的核心独特资源具有一定的价值,但是相对稀少,很难被模仿和复制,这种资源造成了不同企业之间的实际差异。核心独特资源是企业得以长期存活与发展的根本,同类型企业之间的竞争实质上就是资源层次上的竞争。在界定企业知识资本的基础上,资源基础理论认为知识资本就是一种核心独特资源。每一个企业在运营过程中都会形成不同的知识,所以企业的异质性依赖于企业所拥有的知识储备与结构,资源基础理论认为知识资本是企业获得核心竞争力、提高公司价值、推动公司迅速成长的重要因素。Barney(1991)提出企业拥有的资源性质对企业发展具有差异化的影响,并将企业拥有的资源进行了区分,归纳出能够促进企业可持续发展的战略性优质资源,这类资源被称为异质性资源,具有稀缺性、难以模仿性、不可替代性的特点。Peteraf(1993)认为,在不同企业拥有的资源禀赋存在较大差异的前提下,企业可以视自身情况选择适当的竞争战略以形成竞争优势,例如事前竞争限制战略、资源非完全移动竞争战略等。该观点注重加强资源与资源配置者的联系。

知识资本理论即由资源基础理论发展而来。Leonard-Barton(1992)开创了知识资本理论的研究,认为企业的核心资源就是能够为企业带来稳定竞争优势的知识总和,企业的发展主要通过知识的创造、处理和应用。企业要获得知识,获得竞争优势,就必须依靠人力资本,研发资金投入也对企业知识资本形成与积累具有重要的支持作用。资源基础理论认为,企业的资源由物质资本和知识资本两大部分构成,股东掌控着大多数物质资本，员工则掌握了大多数知识资本。知识资本具有无形且具有不可量化的特点，其价值无法精确衡量，知识资本的积累与价值创造关键在于拥有者自身的创新能力。知识资本的拥有者就是创新活动的实践者，也被称为"知本家"，他们的核心标志是具备创新能力；反之，缺乏这种能力的人员被称为简单劳动者。简单劳动者的工作是单纯执行任务的步骤，知识资本拥有者的工作则以思考和策略为导向；简单劳动者的工作主要是为了获取基本生活所需的物质条件，寻求稳定和发展，相比之下，知识资本拥有者更重视工作中获得的成就感和个人价值实现，他们的工作时间灵活，更关注他人对其创新成果的认同，对上级的任务分配可能会提出疑问或建议，具有强烈的求知欲和自我展示倾向。企业对知识资本的管理旨在最大化地保护和提升资产的价值，知识资本管理的有效性可推动企业的跨越式发展。

综上所述，资源基础理论的发展大致如表 2-3 所示。

表 2-3 资源基础理论的发展

学者	时间	观点
安蒂思·潘罗斯	1959 年	企业是资源的集合体，资源为企业提供成长动力的同时也限制了企业的成长速度
伯格·沃纳菲尔特	1984 年	企业拥有的核心独特资源造成了企业间的本质差异
Barney	1991 年	不同类型的资源对企业的发展有不同的影响，最重要的资源是异质性资源
Leonard-Barton	1992 年	知识是企业的核心资源
Peteraf	1993 年	加强企业资源与资源配置者之间的联系，根据自身资源情况选择适当的竞争策略

第二章 理论基础与文献综述

知识资本理论认为知识能力是企业绩效增长的主要因素，但是竞争企业间的快速模仿会降低知识能力对于企业长期收益的促进作用，知识需要不断地进行重构和整合，才能成为难以模仿的异质性资源，从而使企业获得持续性的竞争优势。知识构成了企业的战略资源，行业领先的企业往往具有较强的知识能力和显著的内部知识创造的行为特征。企业的竞争优势产生于企业知识积累所形成的特定知识优势，竞争战略的成败在于是否形成了有效的知识积累。知识基础观强调了知识在获取和维持企业竞争优势过程中的重要战略意义，因此企业需要结合具体环境调整知识管理决策，积极构建企业间的合作关系以进一步拓展知识资源渠道，夯实企业知识基础。随着开放式创新范式的广泛普及，战略联盟成为企业适应环境变化的主要选择，联盟的深层动机是企业通过联盟资源的分配获取异质性、互补性的知识资源，以联盟为支撑促进企业的创新发展。战略联盟合作伙伴间关于知识转移的协议强调双边学习，包括从合作伙伴那里获取知识，共同创造新知识，最后利用知识创造整个联盟以及每个合作伙伴企业的价值。通过联盟合作，企业可以极大地降低获取新知识过程中的资源和人力投入，从而构建差异化的竞争优势。

知识资本理论为理解知识与创新之间内在联系的复杂性提供了一个有用的框架。作为企业长期生存和取得成功的重要战略资源，知识的获取和利用成为创新领域的关注热点。创新过程可以理解为显性知识与隐性知识之间的互动，相较于显性知识的交流，隐性知识更加难以编纂和转移，但是在强化企业能力、提高资源壁垒、促进创新和绩效提升方面体现了更大的价值。企业的竞争优势和卓越的绩效来源于其创造和获取的新知识，以及将其与存量知识有机整合的能力。

在本书中，运用资源基础理论可以解释知识资本对创新绩效、价值网络的影响，以及知识资本在技术创新对创新绩效的影响中发挥的中介作用。知识资本是企业拥有的一种重要的核心独特资源，只有知识资本丰富的企业才具备开展创新活动、形成差异化技术产品、与竞争对手拉开差距的能力。企业进行创新投入活动，需要通过"知本家"作为媒介，才能将创新投入转化为创新产出，让知识资本实现价值创造。

四、现代市场竞争理论

1942 年，约瑟夫·熊彼特在《资本主义、社会主义与民主》一书中提出了动态竞争理论，认为竞争是一个动态变化的过程，而非一个最终是静止的状态，在这一过程中，伴随着新技术、新产品、新企业运营模式的竞争，将旧的事物毁灭，又创造新的事物。该理论颠覆了传统的完全竞争理论，开创了现代市场竞争理论。1961 年，约翰·莫里斯·克拉克（John Maurice Clark）在《动态过程中的竞争》一书中提出，竞争作为动态过程是经济主体独立行动的一种方式，其目标是实现利润增长或避免利润下降。生产者之间的竞争是自由的，消费者的选择也是自由的，唯有如此，才能形成相互刺激的竞争关系，市场不完善因素既是创新竞争行为和模仿反应竞争行为的前提，也是活动的结果，它们成为动态竞争过程实现技术进步与创新的不可缺少的条件。因此，该理论也被称为有效竞争理论。20 世纪 60 年代，德国经济学家康岑巴赫提出了最佳竞争强度理论，该理论认为，如果处于被动地位的模仿企业对处于主动地位的先锋企业的创新反应和适应过程越快、越全面，则创新企业的优先利润消失的速度也就越快，因而表明竞争的强度大，反之，则表明反应速度慢，竞争强度小。处于被动地位的模仿企业受到的生存威胁越大，其反应的速度就越快,反应行为也就越强烈,而从另一个角度来讲,尽快分享一份优先利润的欲望也在推动和刺激它们做出快速、强烈的反应。所以,先锋企业通过技术和创新所得到的优先利润情况和可能消失的速度快慢,反映着现实和潜在的竞争强度的大小。1982 年,威廉·鲍莫尔（William Baumol）等在《可竞争市场与产业结构理论》一书中提出了可竞争市场理论,该理论认为企业进入和退出一个市场领域的行为是完全自由的,竞争的压力能够约束某市场领域中企业的行为,只要该市场领域的企业足够多,那么竞争就能够保证市场效率,总是有想要进入市场的潜在企业,这种进入市场的行为增加了市场中已有企业的竞争压力,企业必须不断进行竞争以维持自身的市场份额和利润率。

综上所述,现代市场竞争理论的发展大致如表 2-4 所示。

表 2-4 现代市场竞争理论的发展

学者	时间	观点
约瑟夫·熊彼特	1942 年	竞争是一个动态变化的过程,而非一个最终是静止的状态
约翰·莫里斯·克拉克	1961 年	竞争作为动态过程是经济主体独立行动的一种方式,其目标是实现利润增长或避免利润下降
康岑巴赫	20 世纪 60 年代	最佳竞争强度应该使潜在竞争强度和有效竞争强度同时相对最大
威廉·鲍莫尔等	1982 年	竞争的压力能够约束某市场领域中企业的行为,只要该市场领域的企业足够多,那么竞争就能够保证市场效率

市场竞争是动态的而非静态的，企业的创新与竞争是一种动态演化与转换的关系，其转换的全过程可划分为"突进行动"与"追踪行动"两个阶段。在一个常规的市场中，无论是生产者还是消费者都是可以自由做出选择的，生产者可以自己选择生产什么样的产品、产品采用什么样的价格，而消费者可以选择购买哪个生产商的产品、以什么价格买下哪些产品，这样就可以通过生产者与消费者之间的双向选择，最终实现竞争的效果。所有的企业都是以利益为导向的，在市场竞争的动态均衡中，具备先发优势的企业凭借新产品和新技术的领先优势，在这个动态的均衡中占据着主导位置，其余的公司都会采取"追踪行动"来仿效革新，但不管是哪一种革新，都会有资源的投入。

市场竞争对于企业来说是一个外生变量，基于现代市场竞争理论，可以从利益最大化、信息不对称和清算威胁三个假设分析市场竞争对企业创新的影响。利益最大化假设认为，企业实质上是以获取利益为中心的，在一个缺乏竞争的市场中，企业与客户相比占据着更有利的位置，因此，企业在发布新的产品时，也会与自己原有的产品形成一种竞争的关系，而不会由于进行了创新而提高公司的绩效。在一个完全竞争的市场上，一个公司则可以用自己的技术革新，开发出一种新的产品来占据一个市场，从而提高公司的运营效益。信息不对称假设认为，因为各个市场主体所处的位置不一样，他们所拥有的信息也不相同，所以会出现信息不对称的情况。而市场竞争能够给企业带来一个和同行业企业比较的准则，将管理者不负责任、谋取私利等问题曝光，从而降低委托人与管理者的冲突，让管理者主动地推动企业发展和付出努力增强企业的创新活动，让他们更加重视公司的长远利益。清算威胁假设认为，在一个竞争性的产业中，一个公司总是会遇到经营不善、外来威胁者占领市场等问题，造成公司倒闭，或是被同行业公司接手，从而让管理者失去工作，或是减少其原有的收益。所以，在追求自己的利益的同时，管理层也会对公司进行大量的改革，从而提升公司的竞争力，让公司能够长久地维持在一个良好的状态。

在本书中，运用现代市场竞争理论能够解释价值网络对创新绩效的影响作用以及技术创新对价值网络的影响作用。所有企业均处于价值网络中，身处价值网络的企业自然需要应对市场竞争。价值网络缓解了企业运营的信息不对称问题，能够让管理者主动地付出努力推动企业发展，提升创新能力。

五、价值导向管理理论

价值导向管理作为一种企业价值管理系统，主要分为价值创造体系、价值评价体系和价值分享体系，分别回答公司价值的驱动因素、各驱动因素的贡献以及如何回报不同贡献程度的价值驱动因素三个问题。

1. 价值创造体系

企业经济价值的不断成长源自企业拥有的具有可持续竞争能力的资源优势。尽管我们可以从企业战略管理的角度来分析企业的价格驱动因素，但事实上，无论是人力资本、顾客资源，还是无形资产，都是构成企业竞争优势必不可少的长期战略性资源。企业通过产品或服务的开发、生产、销售等环节来实现企业的价值创造，在此基础上，结合企业自身的经营活动，以确保顾客满意，最大限度地提高股东利益。企业的价值是通过为顾客直接创造价值来实现的。要提升顾客价值，就必须从商品的属性、品质和服务的价值出发，对增加顾客支付成本的各个因素进行更深层次的研究，尽可能减少顾客的购买成本、时间成本和承受的风险。在建立客户信息采集系统和内部沟通系统的基础上，推动企业和顾客之间的双向交流，建立一种以互惠为基础的新的"企业－顾客"关系，这样，就能让企业在赢得顾客、满足顾客和保持顾客方面，创造出经济和社会价值。

2. 价值评价体系

价值评价体系是对企业提供的服务价值和价值创造的社会影响进行系统、科学评价的一套规范过程和方法，以衡量企业各种价值驱动要素对服务价值创造的贡献情况，为企业经营业绩考核提供了重要依据。企业评价指标体系的设计需要反映企业成功的关键因素和重要绩效指标，企业应根据行业特点、发展阶段和内部条件来判断重要的绩效指标。一般来说，企业关键绩效指标的定位框架大致体现在市场影响力、技术创新、生产力、物质对象与利润、管理者绩效与培训、员工绩效与心态、公共责任等方面。基于价值创造的驱动因素，企业价值评价指标主要包括公司价值、顾客价值和员工价值评价指标。股东价值评价指标主要包括 ROA（资产回报率）、ROE（净资产回报率）、ROIC（投资资本回报率）、EVA（经济增加值）、WVA（市场增加值）及相关衍生指标。

3. 价值分享体系

信息经济时代，财务管理方式发生了革命性的变化：企业资源从单纯的财务资源扩展到财务资源、人力资源和客户资源的高度整合；企业价值评价从强调公司价值过程的结论性评价指标进一步发展到强调企业价值驱动过程并且将流程性评价指标与结论性评价指标相结合的层次评价指标；财务管理制度从主要股东独享企业财务权利的单方管理进一步发展为大股东、员工和客户共同享有企业财务权利的多方联合管理；企业利益分配机制从收益共享进一步发展到价值共享。

  在本书中，运用价值导向管理理论能够解释技术创新对创新绩效的影响、价值网络对创新绩效的影响，以及知识资本和价值网络在技术创新对创新绩效的影响中起到的链式中介作用。与价值导向管理理论对应的企业价值管理系统的三个环节相对应，企业开展技术创新活动，优化了价值创造环节，通过技术创新提升了产品的竞争力或降低了产品的成本，从而为客户创造了更多的价值；知识资本丰富的企业需要构建一个更加科学高效的价值评价体系，知识资本的管理实际上就是衡量企业各种价值驱动要素对价值创造贡献情况的过程，因此知识资本也代表了企业的价值评价能力；价值网络则对应价值分享体系，随着企业管理制度的发展，企业的财务管理制度从主要股东独享企业财务权利的单方管理进一步发展为大股东、员工和客户共同享有企业财务权利的多方联合管理，企业利益分配机制也从收益共享进一步发展到价值共享。对于企业来说，只有处理好价值创造、价值评价和价值共享这条价值链的协调工作，员工才能有更持久的创造新价值的热情。努力创造价值、正确评价价值、合理享受价值已经形成了价值导向管理的核心主线。企业的技术创新活动通过价值评价和价值共享，进一步促进了创新活动的开展，提升了创新绩效。

第二节　创新绩效相关研究

一、变量定义及其维度

本书的被解释变量是创新绩效，对于创新绩效的测量主要可以分为客观数据和问卷调查两种思路。

大部分使用客观数据进行创新绩效测量的方法，都是以 A 股上市公司为研究对象，用某个或多个财务指标、经营指标，计算创新产出或创新投入产出比来衡量创新绩效。马君和郭明杰（2022）将创新绩效分为创新投入与创新产出两个维度，创新投入维度用企业研发投入的财务数据予以量化，创新产出则用企业的专利申请数量来表示，测度创新绩效所用到的数据均来源于国泰安数据库以及中国研究数据服务平台。程跃和段钰（2022）在研究财政补贴政策对企业创新绩效的影响时，用企业净利润表示创新经济产出，用专利申请总量表示企业创新成果产出，创新经济产出和创新成果产出两个维度分别反映了企业创新活动的价值和竞争力。赵鑫全（2023）通过计算企业新产品产值的对数，用该指标反映企业的创新绩效。喻登科和熊曼玉（2023）同样用创新产出表示企业创新绩效，在此基础上将创新绩效分为探索式创新绩效和利用式创新绩效两个维度，探索式创新绩效用企业的发明专利申请数来衡量，利用式创新绩效则用实用新型专利和外观专利申请数来衡量。

设计量表，对企业进行问卷调查，让企业管理者对企业创新绩效进行主观评价也是常见的创新绩效测量方式。如 Gemünden 等（1996）认为创新绩效的两个维度是产品创新成功和工艺创新成功，其中产品创新成功包括市场成功率、产品改进、新产品开发，工艺创新成功则包括劳动力成本减少、生产力提高、订单交付时间减少、资源消耗减少等。陈岩等（2020）在总结数字化时代企业创新情况时认为创新绩效包括产品创新、工艺创新、服务创新、新产品值、创新效率和专利等 6 个方面。宋耘和王婕（2020）将企业创新绩效分为突破性创新绩效（8 个题项）和渐进性创新绩效（6 个题项）。张利飞等（2021）将企业创新绩效分为产品创新绩效和技术创新绩效两类，并利用新产品销售收入和专利申请量分别予以测量。侯佳雯等（2024）设计了创新绩效评价量表，量表内容涉及企业的产品开发速度、效率、成功率、市场反应和利润。

创新绩效的维度划分，如表 2-5 所示。

表 2-5 创新绩效的维度

学者	时间	观点	维度
Gemünden 等	1996 年	创新绩效是指新技术带来的产品或产品生产工艺的优化	产品创新成功和工艺创新成功
陈岩等	2020 年	企业创新是企业管理的重要内容，包括管理创新、技术创新、组织创新、战略创新、营销创新等多个维度。数字技术的出现改变了企业的创新模式、价值创造和价值获取的方式	产品创新、工艺创新、服务创新、新产品值、创新效率和专利
宋耘和王婕	2020 年	创新绩效一般指对企业技术创新活动效率和效果的评价	突破式创新和渐进式创新

续表

学者	时间	观点	维度
张利飞等	2021年	新产品开发将最新技术实现商业化应用，可以反映产业创新产出水平；专利是产业创新结果的重要衡量	产品创新绩效和技术创新绩效
程跃和段钰	2022年	应当采用不同的专利类型来衡量不同的创新类型。发明专利需要运用新知识对产品或方法提出新的方案，具有更高的创新价值，实用新型和外观设计专利则集中于技术的改进。企业申请发明专利数量作为实质性创新成果的衡量指标，非发明专利的数量作为策略性创新成果的衡量指标	创新经济产出和创新成果产出

二、影响因素分析

创新绩效包括个体创新绩效和团队创新绩效，本书研究的是企业整体的创新绩效。现有研究中对企业创新绩效影响因素的研究已经较为完善，主要的视角包括管理模式视角、战略规划视角、外部环境视角以及企业自身资源禀赋视角。

李瑞达等（2024）从管理、组织结构层面研究创新绩效的影响因素，通过实证研究表明企业进行管理创新能够促进创新绩效的提升，具体可以从改变组织结构、优化流程和开展新的实践三个角度入手改善创新绩效。袁红梅等（2024）研究了生物医药企业的创新绩效问题，指出动态网络能力、技术融合能力对创新绩效具有促进作用。近年来，数字化转型是企业创新绩效影响因素的热门研究方向，同时也是我国高科技企业的一大发展趋势，余东华和马路萌（2024）认为企业推进数字化转型，同时将组织、业务流程进行平台化变革，有利于创新绩效的提升。刘博等（2024）认为，除了企业自身的资源禀赋之外，企业是否具有长期主义导向以及企业战略的柔性都是创新绩效的影响因素，树立长期主义决策导向，同时提升战略柔性，能够促进企业的资源禀赋转化为创新成果。魏涛和朱钦林（2024）指出，企业的创新绩效受到企业内外部因素的综合影响，内部因素主要是公司治理能力以及企业的社会责任，外部因素则主要是企业发展的政策，经济政策的不确定性有助于促进企业的创新绩效。杨恩明等（2024）建立了医院创新绩效的影响机制模型，通过结构方程模型检验总结出了医院创新绩效的影响因素，包括人力资源管理实践、领导风格以及组织氛围，都会对创新绩效产生显著的影响。

第三节　技术创新相关研究

一、变量定义及其维度

有关技术创新的维度划分有不同的依据，主要有按照技术创新演进过程、按照技术创新实现路径、按照创新强度和新颖度三种标准。

按照技术创新演进过程，可以将技术创新分为非连续性与连续性两种。Anderson（1990）认为非连续性技术创新是指在一定条件下发生的创新，具有明显的阶段性特征，即从简单到复杂、从弱到强，每一个阶段都是对原有技术的改进或者新技术开发，而连续性创新是一种部分或改良性推进的渐进性范式，因此更加重视对现有技术与商业模式的运用，这一创新意味着现有技术得到了小范围的提升，产品元件之间的连接在全过程中保持不变。在机会成本与不确定性视角下，企业连续性创新因仅需在小范围内改进已有技术而支付更低的机会成本并承担更低的市场风险。Zhou等（2012）认为突破性技术创新摆脱了既有的技术轨道，通过新技术重构产品架构，实现新市场的培育。突破性技术发明是存在的，突破性技术向产品转化的市场实现的可能性基于价值交付在新产品上的完成，即以市场细分锁定对应产品的超额利润，以及达到企业市场竞争的目的。激进式创新牵涉到纯技术问题，即产品属性新颖独特，反映了最前沿的科技，能够让现有产品与过时的科技获得新的生机，进而重塑产业与市场。激进式创新一般通过变革企业战略、组织结构以及商业模式来完成，其主要途径是并购重组。邓向荣（2022）指出非连续性创新中具有代表性的是颠覆性、突破性、激进性创新。颠覆性创新和突破性创新以初始市场为起点，但颠覆性创新并非以主流顾客为目标。颠覆性创新一般包括两个层面：一是"颠覆性"技术变革，二是"革命性"商业变革。前者属于技术性领域，后者属于商务性领域，技术变革是根本性变革，商业变革则是非功能性变革。颠覆式创新通过颠覆性技术的运用或者对顾客价值曲线的重新界定，往往伴生全新的商业模式。在这种情况下，企业如果不能及时抓住市场需求变化的机会，很快就会被淘汰出局。

按照技术创新的实现路径，李平和随洪光（2008）、原长弘等（2009）将其划分为原始创新、集成创新和引进消化吸收再创新。原始创新是指使用新思想或新方法推动基础科研领域底层逻辑重构实现的原始突破创新，其产生的影响往往十分深远。原始创新的核心问题在于创新主体的基础性研究和技术供给。集成创新是指将创新主体之间的信息、知识等资源进行有效整合，利用信息技术和先进的管理技术对创新要素进行重组，组合成有机整体。集成创新来源于市场需求因素，在原有的技术、产品上系统集成新产品以满足市场的需要，其创新成果应用于产业中能够产生巨大的经济效益和社会效益，属于一种正向技术进步的创造形式。引进消化吸收再创新是在政策的支持下通过消化、吸收、引入国外先进技术来实现对现有技术或产品的改进与完善，并使之应用到既定轨道中去，从而产生新的技术或产品。这种创新方式是发展中国家最重要的创新方式之一，能够较好地依托技术后发优势，加快缩短与技术先进国家的技术差距。

按照创新强度和新颖度的不同，Laursen 等（2006）将技术创新分为突破性创新和渐进性创新，其中突破性创新主要表现为新技术的迭代、新产品的增加、新市场领域的延伸等，渐进性创新主要表现为技术、工艺、流程等的改进，是在现有基础上进行提升和改善的创新过程，不同类型创新的绩效结果并不相同。陈劲和陈珏芬（2006）认为技术创新过程包括衍生新思想、研发新技术、生产新产品以及产品商业化，技术创新绩效需要反映整个过程的产出结果。基于广义技术创新的视角，谢凤华等（2008）将技术创新绩效划分为技术创新过程绩效和技术创新产出绩效两个维度。庞瑞芝等（2009）基于技术创新投入产出效率的视角，将技术创新绩效划分为技术创新转换效率和技术创新转化效率两个维度。简兆权等（2010）从创新效益和创新效率两个方面将技术创新绩效定义为企业技术创新活动所直接产出的、能客观测度和感知的成果。按照创新内容和技术实施对象的不同，段发明（2016）将技术创新划分为产品创新和工艺创新，其中产品创新指新产品研发及市场化，工艺创新则指新的工艺设备或生产流程的采用，以上两种技术创新带来的企业收益可以看作技术创新绩效的两个维度，即产品创新绩效和工艺创新绩效。

技术创新的维度划分，如表 2-6 所示。

表 2-6 技术创新的维度

学者	时间	观点	维度
Anderson	1990 年	以创新演进过程为依据度量技术创新	非连续性创新、连续性创新
邓向荣	2022 年		颠覆性创新、突破性创新、激进性创新
李平和随洪光	2008 年	以创新实现路径为依据度量技术创新	原始创新、集成创新、引进消化吸收再创新
原长弘等	2009 年		
Laursen 等	2006 年	以创新强度和新颖度为依据度量技术创新	突破性创新、渐进性创新
庞瑞芝等	2009 年		技术创新转换效率、技术创新转化效率
段发明	2016 年		产品创新、工艺创新

可见，不同学者对于企业技术创新的度量方式均存在一定差异，但是从各自界定的技术创新绩效的内涵中可以看出维度的边界和划分并不是绝对的，往往需要结合具体情境进行选择。

二、技术创新对创新绩效的影响

近年来，有关技术创新的实证研究主要是将技术创新作为一个因变量来研究其前因变量，这方面的研究已经较为丰富。邵兵等（2023）从数字化转型的视角出发研究技术创新的影响因素，其中，企业对知识的管理能力以及吸收能力能够对企业技术创新产生正向影响，实施数字化转型与企业技术创新能力的提升并不存在必然的联系，企业技术创新能力的提升来源于员工个人的创新能力提升，这需要企业将各种复杂的信息转化为结构化信息，促进信息的转化和应用。肖丁丁等（2023）以制造业企业为研究对象，指出政府采购能够提升技术创新能力，相比偶然性的政府采购，持续性的政府采购更能够长期、稳定地提升企业技术创新能力，增强企业开展创新活动的信心。徐宁等（2024）运用机器学习和文本分析法探究管理特征对技术创新的影响，研究表明，管理者的长期主义思想能够促进企业的技术创新，长期主义理念缓解了企业中常见的委托代理问题，并且使企业的内部控制能力提升，从而提升了技术创新水平。

也有一部分学者研究技术创新对企业运营要素的影响，但这部分研究偏向于将企业的技术创新成果作为技术创新的衡量标准，鲜有从技术创新理念、举措等方面开展的研究。周贻和张伟（2022）基于我国上市公司的面板数据分析技术创新与企业创新绩效的关系，研究发现，技术创新能够显著提升企业创新绩效，当企业规模扩大，技术创新对企业创新绩效的促进作用更加显著。王晓旭（2023）认为技术创新能够促进企业的产品服务竞争力，可以从增加技术创新经费和培养技术创新人才两方面入手提高企业技术创新水平从而提升产品竞争力。吴朋等（2023）使用省级工业企业面板数据验证了技术创新能够对企业绿色全要素生产率产生促进作用。

研发投入与企业创新绩效往往呈正相关关系。杜雯秦和郭淑娟（2021）认为研发投入与创新绩效的关系存在一种较为复杂的情况，一般情况下，研发投入有利于提升企业的创新绩效，但是如果研发投入过剩，也有可能对企业创新活动产生消极影响，但过剩的研发投入一旦超过某个范围，那么这种消极影响就会被减弱甚至消失，因为长期、稳定且巨量的研发投入将促使企业发生产业升级甚至是技术的颠覆，实现创新突破。总体而言，研发投入对创新绩效有显著的促进作用，但不同量级的研发投入对创新绩效的影响程度是不同的。胡伟等（2023）指出上市公司的研发投入直接影响企业的创新绩效，只有优化自身资源配置，重视研发投入，才能提高创新能力，实现自身的可持续发展。许晓娜和肖宇佳（2023）认为研发投入对企业的创新绩效有直接且非常显著的正向影响，企业应当增加研发投入，明确研发投入方向，保持一种开放、包容的企业文化氛围，从而促进创新活动的开展，提升企业创新绩效。他们同时认为，提高研发人员的比重也有利于提升高科技企业的创新绩效。

第四节　知识资本相关研究

一、变量定义及其维度

有关知识资本的度量方式，国内外学者尚未统一，由于研究重点不同，知识资本的维度划分方式也有较大的差别。罗利华和高小惠（2021）在研究瞪羚企业成长力问题时，将瞪羚企业的知识资本分为人力资本、结构资本、关系资本和市场资本四个维度，其中结构资本主要指企业数据库的建设能力、信息收集与处理能力，关系资本主要指企业能够享受到的政策性服务以及商务性服务，市场资本主要指企业新产品、高端产品的市场份额以及品牌的口碑、国际化水平。陈伟等（2021）将知识资本划分为创新设施资本、人力资本和研发资本三个维度。赵馨燕（2023）将知识资本划分为人力资本、结构资本和关系资本，这是目前知识资本维度划分的主流观点，人力资本是指企业员工的数量与质量，结构资本是指企业组织结构、制度与管理经验形成的价值，关系资本是指企业与客户、供应商等利益相关者建立关系，这种关系本身以及对关系进行投资与维护形成的资本。戴严科等（2023）指出知识资本是企业无形资本的一种，知识资本的量化分为两部分，一部分是企业从外部直接购买，另一部分是由企业进行内部创造得到，可以通过研发支出、研发支出折旧率、消费者价格指数和知识资本存量等指标计算出来。潘俐和张迎春（2023）认为知识资本分为创新设施、研发和人力三个维度，可以分别从专利授权数量、研发费用率和研发员工比重进行具体量化。

知识资本的维度划分，如表 2-7 所示。

表 2-7 知识资本的维度

学者	时间	观点	维度
罗利华和高小惠	2021 年	企业的成长过程实质上是不断地将科技创新要素、人力资本、结构资本、关系资本、市场资本等具有知识资本属性的资产转化为比较优势，实现动态螺旋式发展的过程	人力资本、结构资本、关系资本和市场资本
陈伟等	2021 年	知识资本服务于企业或地区的技术创新活动，因此应当使用与研发创新、技术创新相关的指标度量知识资本	创新设施资本、人力资本和研发资本

续表

学者	时间	观点	维度
赵馨燕	2023年	知识资本是企业内能够创造价值的知识元素集合，是企业的无形资产，包括组织结构、员工素质等多方面内容，知识资本的三元结构被广泛用于分析知识资本的内容构成	人力资本、结构资本和关系资本
潘俐和张迎春	2023年	知识资本是知识在一定条件下转化成的一种可以为企业带来收益的无形资产	创新设施、研发和人力资本

基于以上分析，本书认为知识资本就是企业所拥有的能够促进价值创造的知识类资源，主要包括员工层面的知识、经验、才能以及组织层面的结构优势、制度、经验等元素，虽然大多数研究考虑关系资本、市场资本等反映企业价值关系的知识资本，但这些划分方式与本书研究的价值网络的概念有重合之处，因此本书以人力资本和结构资本作为知识资本的两个维度。

二、知识资本对创新绩效的影响

知识资本作为企业拥有的一种重要资源，有关其影响及作用机制的研究已经非常完善，其中多数研究关注的是知识资本与企业经营绩效、财务绩效、数字化运营能力以及创新能力的关系。许长新和黄心怡（2021）认为企业的知识资本对企业的创新能力有显著影响，且不同类型的知识资本能够发挥的作用也有差异，例如与非国际化、没有外贸业务的企业相比，国际化企业的知识资本更能够提升企业的创新能力，与非民营企业相比，民营企业的知识资本更能够提升企业的创新绩效。赵馨燕（2023）认为以规范的操作管理流程、高水平的人力资源以及良好的组织文化为代表的知识资本能够改善企业的生产经营活动，促进企业经营绩效的优化。冯苏茜（2024）分析了1998—2023年的知识资本研究发展趋势，绘制了知识资本的研究知识图谱，数据表明，近年来有关知识资本对企业创新绩效、财务绩效、组织能力以及价值创造的影响是研究热点，知识资本对企业发展的重要意义逐渐被挖掘，知识资本也被认为是非常重要的企业资产。

第五节　价值网络相关研究

一、变量定义及其维度

价值网络是企业运营过程中一项重要的发展资源，目前，有关价值网络的研究主要有两种类型。

其一，将价值网络作为一种研究视角，从价值创造、产业链等角度以定性研究的方式剖析现象，根据具体的企业案例提出相应的管理建议，这也是目前价值网络研究的热点之一。冯立杰等（2022）认为价值网络的建设是落后企业赶超领先企业的战略支撑，颠覆式创新需要对价值网络进行重构，即使是已经具有先发优势的企业也需要不断进行价值网络重构来维持自身的优势，因为企业的一切战略变革都立足于价值网络，价值网络对企业发展至关重要。张鹏和张卫萍（2022）同样认为企业的竞争力来源于价值网络的竞争力，后发企业进行技术追赶唯一的方式就是将自身的价值网络提升至优于竞争对手的水平。薛阳等（2023）以价值网络嵌入为出发点研究企业供应链管理的最优决策问题，提出企业倾向于模仿价值网络中的优秀企业，采取不同的方式达到与目标企业相同的结果，提升供应链管理绩效。

其二，将价值网络位置作为价值网络的度量方式，研究其对企业运营的影响。胡晓娟和黄永春（2016）认为价值网络位置对企业进行技术追赶有一定的影响，价值网络位置主要体现在企业与合作伙伴的交流强度，并设计了量表评价企业的价值网络位置。陈美香（2022）构建了港口城市的全球价值网络嵌入模型，该模型反映了价值网络节点与其他节点的连接规模、节点的中介作用以及节点与其他节点的距离，通过三要素共同计算出价值网络中心度，价值网络要素在整个价值网络的中心度反映了价值网络位置，从而进一步分析价值网络位置对物流能力的影响。王建平和吴晓云（2023）研究了制造企业价值网络位置和企业市场绩效、创新绩效的关系，将价值网络位置划分为中心位置、中介位置和环境不确定性三个维度，采用问卷调查的方式让不同企业评价自身所处的价值网络位置。

二、价值网络对创新绩效的影响

已有研究主要从价值网络嵌入、价值网络结构特征以及创新价值网络三个不同的角度，分析价值网络对创新绩效的影响。

以价值网络嵌入为切入点。谢洪明等（2014）认为，网络结构嵌入对企业技术创新绩效没有显著影响；网络关系嵌入对技术创新绩效不仅有直接显著的正向影响，而且学习能力在二者之间起到部分中介作用。王核成和李鑫（2019）指出，企业网络嵌入性与创新绩效的关系呈倒 U 型；吸收能力对企业网络嵌入性与创新绩效的倒 U 型关系产生正向调节作用；网络权力在网络嵌入性和创新绩效之间的关系中起到中介作用。郭文霞（2019）将关系嵌入划分为信任、信息共享、共同解决问题三个维度，实证研究了关系嵌入对企业创新绩效的影响，结果表明关系嵌入对创新绩效有正向作用，知识获取在关系嵌入与创新绩效之间起部分中介作用，内部社会资本正向调节关系嵌入与知识获取之间的关系。

以价值网络结构特征为切入点。彭光顺（2010）将价值网络结构特征细分为网络密度、网络强度、网络规模、网络居间性、网络互惠性和网络稳定性，结果表明网络结构特征通过企业创新的完全中介作用对企业绩效产生正向影响。汪婷婷（2017）认为企业网络能力对企业创新绩效具有显著的正向影响，开放式创新在网络能力与企业创新绩效之间起部分中介作用，环境竞争性和环境宽松性发挥显著的负向调节作用。侯光文（2019）实证验证了价值网络强度、价值网络质量、价值网络权力和价值网络稳定性对协同创新绩效显著的正向影响；知识获取在网络强度、网络质量和网络稳定性对协同创新绩效的影响中具有完全中介作用，在网络权力对协同创新绩效的影响中起部分中介作用。

以创新价值网络为切入点。解学梅（2010）指出，不同的创新网络对企业创新绩效的影响不同；企业与企业、企业与中介以及企业与研究机构三种协同创新网络对企业创新绩效存在显著的正效应；企业与政府的协同创新网络与企业创新绩效无直接效应，而是通过前三种协同网络的中介作用对企业创新绩效产生间接影响。洪茹燕（2012）以参与全球制造网络的我国本土集群企业为研究样本，实证研究结果表明创新网络正向影响企业创新绩效，创新搜索起到中介作用，吸收能力和环境不确定性分别对创新网络与创新搜索之间的关系产生正向和负向的调节作用。王燕妮（2013）将企业创新网络分为内部网络和外部网络，实证研究了内外创新网络的相互作用及对创新绩效的影响，结果表明内部创新网络与外部创新网络具有显著的正相关关系，内部创新网络（网络结构、共享愿景、网络关系）与外部创新网络（网络规模、网络密度、关系强度）均通过知识创新和知识整合的中介效应对企业创新绩效产生正向影响。

第六节　研究述评

一、变量定义及其维度汇总

本书的解释变量为技术创新。技术创新就是能够使企业某些方面得到改善的新技术、新发明，像新产品或服务的产生、产品或服务的优化改进、产品或服务生产工艺和管理运营的创新都属于技术创新的范畴。在技术创新的度量层面，已有的研究偏向于将企业的技术创新成果作为技术创新的衡量标准，鲜有从技术创新理念、举措等方面开展的研究。此外还有一种研究思路是将技术创新分为渐进式创新和突破式创新，将不同的创新举措分类归纳为上述两种形式之一，从而研究技术创新对企业其他经营指标的影响，本质上都是以创新成果为导向开展的研究。

本书的一个中介变量为知识资本。知识资本就是企业所拥有的能够

第二章 理论基础与文献综述

促进价值创造的知识类资源，主要包括员工层面的知识、经验、才能以及组织层面的结构优势、制度、经验等元素。对于知识资本的度量没有统一的标准，常见的可以分为人力资本、结构资本、关系资本、社会资本、技术资本、创新设施资本、市场资本等不同的元素，出现以上分歧的原因在于知识资本涵盖的范围较广，在进行具体研究时应按照研究需要灵活地对其进行度量。

本书的另一个中介变量为价值网络。价值网络就是由企业自身、竞争对手、合作伙伴以及客户等多重经济关系共同组成的网络体系。目前对于价值网络影响的实证研究主要是用价值网络位置对价值网络这一概念进行量化，缺乏从价值网络完善程度、丰富性、稳定性角度入手开展的研究。

本书的被解释变量为创新绩效。创新绩效就是在某一期间、在一定的资源约束和环境影响下企业创新的产出效益。对于创新绩效的测量主要可以分为客观数据和问卷调查两种思路，客观数据的测量方法主要是以 A 股上市公司为研究对象，用某个或多个财务指标、经营指标，计算创新产出或创新投入产出比来衡量创新绩效。使用创新产出作为创新绩效的指标是主流的研究方式，受到了广泛认可，数据标准统一，便于不同企业之间的数据进行比较，而创新投入产出比的衡量方式在表面上更加符合"创新绩效"这一概念的字面意思，不过实际操作起来存在一定的难度，虽然创新产出指标易于量化，但创新投入涵盖的内容更加全面，在同样的资金投入下，不同的企业由于自身其他资源禀赋的差异使创新绩效会有较大的差异。

二、概念间的作用机理

1. 概念间的直接作用

（1）技术创新对企业创新绩效有显著的正向影响。

技术创新是一种有目的、有计划的系统行为，它不仅能够帮助企业产生创新性的想法，还能够帮助企业将这些想法转变为市场化的产品或服务，从而为企业带来竞争优势，并帮助其获取超额利润。企业技术创新能力的核心在于掌握专业知识的人以及技术系统和管理系统，这些人和系统既有助于企业内部构建良好的创新氛围，也有助于企业内部创建包容创新价值观的组织文化。企业通过持续的研发投入，挖掘新的业务增长点，借助先进的生产技术和管理方式，重塑组织架构和运营模式，旨在降低生产成本，优化生产效率，为消费者提供更具价值的服务，借此提升市场竞争力，从而推动盈利增长。

（2）知识资本对创新绩效有显著的正向影响。

企业知识资本的核心是人才创造力和持久性，在进行技术创新、研发投入的过程中，为项目投入的资源是旧资源，项目最终的成果是新资源，由旧资源向新资源进行转化需要经历创造、共享、整合的加工过程，其中，知识资本代表了企业将旧资源转化为新资源的能力，企业拥有的知识资本越多，就能够更好地实现创新成果的产出（喻登科和张婉君，2022）。

（3）价值网络对创新绩效有显著的正向影响。

企业的价值网络关系越稳定，越有利于创新绩效的提升。科技型企

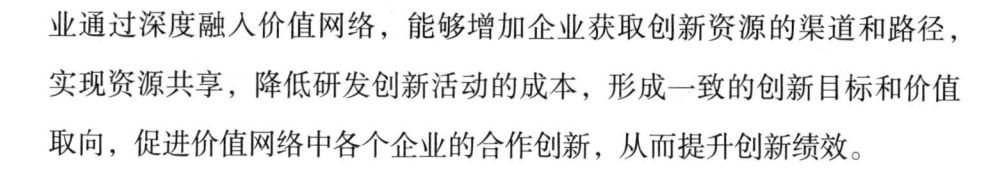

业通过深度融入价值网络，能够增加企业获取创新资源的渠道和路径，实现资源共享，降低研发创新活动的成本，形成一致的创新目标和价值取向，促进价值网络中各个企业的合作创新，从而提升创新绩效。

2. 概念间的间接作用

（1）知识资本在技术创新对创新绩效的影响中起到中介作用。

技术创新活动本身是一种探索，在探索的过程中，人员结构的优化、员工综合素质的提升是水到渠成的事情，并且企业也将在技术创新的探索过程中积累管理经验，提高运营能力。根据知识资本理论的观点，知识资本是企业拥有的一种重要的核心独特资源，因此知识资本丰富的企业具备开展创新活动、形成差异化技术产品、与竞争对手拉开差距的能力。企业进行创新投入活动，需要通过"知本家"作为媒介，才能将创新投入转化为创新产出，使知识资本实现价值创造。在技术创新的实践中，技术创新活动需要丰富的知识资本作为载体，否则超额的技术创新投入将不会产生作用。案例企业通常需加大研发支出，吸纳大量高科技人才，并购入高端设备，这些投入在硬实力和软实力层面塑造了企业的独特性，使之在众多竞争对手中脱颖而出，形成独特的核心优势。可以认为知识资本的积累是技术创新的结果，只有积累一定数量的知识资本，才能有足够的实力将企业的技术创新计划转化为实际的创新行动。当企业拥有的知识资本受限，那么技术创新活动也将失去效率，影响创新绩效。

（2）价值网络在技术创新对创新绩效的影响中起到中介作用。

技术创新活动能够提升企业知名度，吸引更多的企业成为价值网络中的一员。在价值网络中，所有企业都具有"信号传递者"的身份，企业在传递信息的过程中，技术创新扮演着关键的角色。它被视作一种有力的讯号，表明企业拥有先进的技术水平和不断增长的专利数量，这往往被投资者解读为公司具备独特的竞争优势和潜在的垄断地位。这样的认知提升了企业未来的增长前景，进而推高其市场估值，吸引更多的投资以及合作伙伴。

（3）知识资本和价值网络在技术创新对创新绩效的影响中起到链式中介作用。

高科技企业通过技术创新，能够提高企业的知识资本进而完善价值网络，最终提高创新绩效。企业开展技术创新活动，在潜移默化中优化了人员结构、提升了员工综合素质、积累了管理经验、提升了企业运营能力、强化了企业的知识资本。知识资本是企业拥有的一种重要资源，为了更好地运用这些资源，企业需要有清晰的战略规划以及资源开发策略。在价值网络中位于中心位置或领导位置的企业，往往拥有强大的综合实力，能够基于市场中的综合信息做出最佳决策，同时拥有更多的合作研发机会，与价值网络中的其他成员展开合作，使企业拥有的知识资本得到最大限度的开发。当企业同时拥有丰富的知识资本和完整的价值网络，那么企业的研发创新活动就获得了更强的动力，由创新投入向创新成果的转换过程会更加顺畅，有限的研发资源能够得到最大限度的利用和转化。

三、相关理论与本书的关系

本书需要借助技术创新理论、价值网络理论、资源基础理论、现代市场竞争理论和价值导向管理理论，对变量间的作用机理进行解释，如

图 2-1 所示。

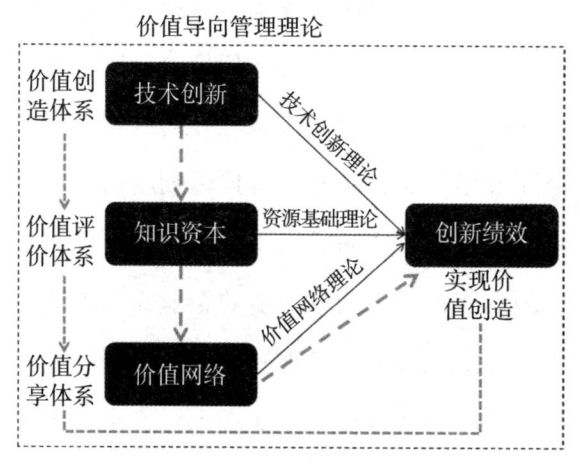

图 2-1 理论解释示意图

技术创新理论阐述了技术创新的内在逻辑，即企业通过技术创新提升创新能力进而形成核心竞争力的过程，运用该理论能够解释技术创新对知识资本、价值网络以及创新绩效的影响。价值网络理论阐述了价值链、价值网络的形成过程以及表现形式，由于价值网络具有资源共享、信息共享的特征，因此该理论能够解释价值网络对创新绩效的影响以及价值网络在技术创新、知识资本对创新绩效的影响中发挥的中介作用。资源基础理论解释了各种资源对于企业发展的重要意义，在资源基础理论的基础上发展出的知识资本理论可以解释知识资本对创新绩效的影响，以及知识资本在技术创新对创新绩效的影响中发挥的中介作用。现代市场竞争理论从利益最大化、信息不对称和清算威胁三个假设分析了价值网络对企业创新的影响，因此该理论能够解释价值网络对创新绩效的影响以及技术创新对价值网络的影响。价值导向管理理论提出企业价值管理系统的三个环节分别是价值创造体系、价值评价体系和价值分享体系,这与本书的三个核心概念——技术创新、知识资本和价值网络——对应,因此该理论能够解释技术创新对创新绩效的影响、价值网络对创新绩效的影响,以及知识资本和价值网络在技术创新对创新绩效的影响中起到的链式中介作用。与价值导向管理理论对应的企业价值管理系统的三个环节相对应,企业开展技术创新活动,优化了价值创造环节,通过技术创新提升了产品的竞争力或降低了产品的成本,从而为客户创造了更多的价值;知识资本丰富的企业需要构建一个更加科学高效的价值评价体系,知识资本的管理实际上就是衡量企业各种价值驱动要素对价值创造贡献情况的过程,因此知识资本也代表了企业的价值评价能力;价值网络则对应价值分享体系,随着企业管理制度的发展,企业的财务管理制度从主要股东独享企业财务权利的单方管理进一步发展为大股东、员工和客户共同享有企业财务权利的多方联合管理;企业利益分配机制从收益共享进一步发展到价值共享。对于企业来说,只有处理好价值创造、价值评价和价值共享这条价值链的协调工作,员工才能有更持久的创造新价值的热情。努力创造价值、正确评价价值、合理享受价值已经形成了价值导向管理的核心主线。企业的技术创新活动通过价值评价和价值共享,进一步促进了创新活动的开展,提升了创新绩效。

四、已有研究存在的不足

在技术创新的相关研究中,主要是将技术创新作为一个因变量来研究其前因变量,这方面的研究已经较为丰富。知识资本作为企业拥有的一种重要资源,有关其影响及作用机制的研究已经非常完善,其中多数研究关注的是知识资本与企业经营绩效、财务绩效、数字化运营能力以及创新能力的关系。在价值网络的相关研究中，多数研究均认为价值网络的建设与科技企业的技术创新有明确的关联，尤其是对于后发企业，价值网络的建设更为重要，重构价值网络是后发企业进行技术赶超的唯一途径。但是，由于价值网络这一概念本身具有抽象性，因此难以将其量化进行实证研究，大多数研究仍局限于定性研究，通过案例分析的方法分析企业自身的价值网络特征。在创新绩效的相关研究中，对其影响因素的研究已经较为完善，主要的视角包括管理模式视角、战略规划视角、外部环境视角以及企业自身资源禀赋视角。

以往的研究在作用机制层面存在的不足，可以归纳为以下三点。

第一，已有研究将技术创新和创新绩效都视为一种企业创新活动的结果，实际上技术创新并非一种结果，而是涉及企业的资源分配和战略选择。技术创新与创新绩效之间的正相关关系看似是不言而喻的，但是技术创新对创新绩效的作用机理有待进一步深入研究，如何进行技术资源分配、如何进行资金投入可以最大限度地提升创新绩效，以及不同发展阶段的企业应当如何制定创新战略，都是有待研究的问题。

第二，已有研究将价值网络单纯作为一种理论，用于解释企业运营中的现象及其成因或具体影响，讨论价值网络建设的必要性以及建设方法，缺少对价值网络的实证研究。

第三，尚未系统研究技术创新对创新绩效影响的中介机制。具体来说，对于知识资本在技术创新对创新绩效影响中的中介作用的研究较少，已有研究主要关注知识资本对企业创新能力的影响，而对于技术创新举措与企业知识资本积累的路径并不清晰；对于价值网络在技术创新对创新绩效影响中的中介作用的研究较少，已有研究主要关注价值网络对企业经营绩效的影响，对于技术创新举措对企业价值网络完善的影响并不清晰，相关的实证研究比较缺乏。

● 本章小结

  首先，对本书用到的理论基础进行了介绍，技术创新理论、价值网络理论、资源基础理论、现代市场竞争理论和价值导向管理理论能够对本书核心概念之间的关系进行解释。其次，分别从核心概念的定义、度量以及研究现状等角度汇总了技术创新、知识资本、价值网络和创新绩效的相关研究。最后，对已有的文献进行研究述评，总结以往的研究在作用机制层面存在的不足以及相关理论与本书的关系。

第三章

扎根理论分析

基于对相关的现实和理论背景的梳理以及由此形成的预设，本书选取了三家具有代表性的高科技企业进行案例分析。通过对相关数据的收集和分析，提出本书的初步假设，并构建起技术创新、知识资本、价值网络和创新绩效关系的初步概念分析框架。

第一节　案例分析方法与步骤

本书采用案例分析方法，贴合企业实际经营情况，对企业生产经营活动具有一定的指导意义。首先将理论构建过程分解成几个假设，其次利用案例资料和事实来逐个检验是否一致，作为接受或拒绝假设的标准，最后通过对各部分和假设之间结构关系的描述刻画来构建理论框架。

一、扎根理论方法简介

扎根理论是一种广泛应用于社会科学研究的定性研究方法。1976年，美国学者安塞尔姆·施特劳斯（Anselm Strauss）和巴尼·格拉泽（Barney Glaser）在二人合著的《扎根理论的发现：质性研究的策略》一书中提出了扎根理论的方法，这一方法主要基于对资料的深入分析，不断地将资料浓缩为理论框架，改变了传统定性研究方法逻辑不严密、方法与理论关系不明确的弊端，是最具说服力的定性研究方法。与普通的定性研究方法相比，扎根理论的优点在于从实际数据入手形成理论框架，能够反映研究对象的本质特征，揭示现象的本质原因，在数据分析过程中采用多层次的抽样方法，确保数据的系统化，对数据进行深入分析直至饱和，能够保证研究的科学性和深度。通过扎根理论研究，能够将文献研究法遗漏的、没有涉及的观点进行创新性的补充与验证，发掘变量之间未被验证的机制。

二、案例分析方法

案例分析方法是指研究人员将一种或多种情境选定为研究焦点，有序地收集各类数据资料，进行实地调研，以便理解特定条件下某一现象的具体状况。该方法适用于那些边界模糊、难以界定，或者缺乏明确、直接且结构化研究手段的情况，案例研究的意义在于分析"变化"，探讨"发生了怎样的变化""变化的方式""变化的原因"以及"变化的影响"等复杂关系问题。

本书首先确定采用多案例研究的方式，从创新能力较强、有一定影响力且位于不同省份、不同行业的高科技企业中选择合适的案例，而后进行数据收集，分析资料并撰写报告，将所有的信息按照理论预设分类并编码。信息包括企业的基本信息以及企业创新绩效、技术创新、知识资本和价值网络等主要构念。基于上述构念，进一步提炼出变量维度，同时对它们进行更进一步的编码。

三、案例研究步骤

案例分析法主要是对发生在企业中的实际案例进行分析，找出产生问题的根本原因，其优点在于可以不用频繁地往返于公司进行调查，节约了大量的时间，将研究重点放在案例分析中，典型、生动的案例可以让其他未能亲见企业的专家尽可能准确地了解企业的真实情况，也可以通过案例给予一定的指导和意见，提升研究的权威性和科学性。案例分析法更多地倾向于定性研究方法，通常有事先开发的理论命题或问题定义，以引导资料收集的方式和材料分类的重点，在资料收集与数据分类上具有独特性，可以对多个资料来源进行分析，并得出一致结果。案例分析法一般包括选择案例、收集数据、分析资料和撰写报告四个步骤。选择案例的原则通常与研究目标以及研究中需要解决的课题密切相关，不同性质的案例能为案例研究提供不同价值的信息，待访谈与分析过程结束后，便可进行撰写报告的过程。撰写此类报告并没有统一的格式要求，但学界往往采用与案例研究过程有一定匹配度的格式。

第二节　样本企业介绍

本书采用多案例研究方式，选取了中文在线集团股份有限公司（以下简称中文在线）、北京金山办公软件股份有限公司（以下简称金山办公）和杭州海康威视数字技术股份有限公司（以下简称海康威视）3家高科技企业案例。中文在线专注于数字出版、IP（知识产权）[①]运营和开发以及在线教育，金山办公属于软件和服务行业，海康威视主营业务为安防设备以及大数据服务，3家企业均为具有一定影响力和创新能力的高科技上市公司，企业的从业人员、业务规模和营收存在一定的差异。因此，本案例研究所选的3家企业样本综合了地域和规模等要素，能够涵盖不同类型、不同规模的高科技企业，提高了案例分析结果的准确性和普遍性。

一、企业A：中文在线

中文在线成立于2000年，总部位于北京，是中国数字出版领域的领军企业。2015年，公司在深圳证券交易所创业板上市，成为国内"数字出版第一股"。以"数字传承文明"为使命，中文在线构建了涵盖数字内容生产、版权分发、IP（知识产权）衍生开发及知识产权保护的全产业链生态，业务覆盖文学、教育、影视、动漫、游戏等多个领域，致力于推动科技与文化的深度融合。

1. 技术创新

中文在线以"AI＋内容"为核心战略，在技术创新领域持续突破。2024年推出的自研大模型"中文逍遥"已实现文本生成、多语言创作、剧本辅助等功能，尤其在小说续写、跨语种翻译方面表现突出，并通过国家网信办备案，向创作者开放使用。公司进一步拓展AI多模态技术，在动漫、动态漫领域实现工业化生产，2024年利用AI技术制作近百部作

[①] 为与后文的"创新绩效（IP）"区分，在表示知识产权的IP后都加以标注。

品，累计观看量超 30 亿次，多部作品登顶国内外平台热度榜。此外，AI 技术还赋能短剧制作，通过自动化生成分镜、角色建模等环节，将制作周期缩短 40% 以上，显著提升内容产出效率。

在技术出海方面，中文在线与韩国在线漫画公司 Lezhin Entertainment 合作开发 AI 动漫短剧，成功将动态漫技术输出至海外市场，覆盖英语、日语、韩语等多语种用户。同时，公司与头部大模型企业签订数据服务合同，利用自身的 60TB 正版内容库（含文字、音频、视频等）为行业提供训练支持，强化技术生态布局。

2. 知识资本

作为数字出版先驱，中文在线累计聚合 560 万种数字内容资源，涵盖网文、出版物、有声书等多种形态，签约作家超 2000 名，驻站作者 450 余万名，形成"17K 小说网＋四月天女频＋奇想宇宙科幻＋谜想计划悬疑"的垂直内容矩阵。公司注重 IP（知识产权）全生命周期管理，通过"网文连载＋衍生开发同步推进"模式，将一些头部 IP（知识产权）转化为动漫、影视、游戏等衍生产品。

在知识产权保护领域，中文在线构建"区块链＋司法"双轨维权体系，推出"权哨"和"无抄"平台，累计处理侵权案件近万起，涉案作品超 10 万部，有效保障创作者权益。其内容资源不仅支撑自身业务，更成为 AI 时代的核心生产要素，为大模型训练提供高质量数据源，形成"内容－技术－应用"的闭环增值。

3. 价值网络

中文在线构建了"内容生产–分发–衍生开发–全球化"的立体价值网络。在分发端，通过"中文书城""书香云阅"等平台覆盖 C 端用户（个人消费者）超 2000 万，并与中国移动、中国电信等运营商及腾讯、爱奇艺等头部平台深度合作。在 B 端（企业客户），服务超 1000 所高校、公共图书馆及政府机构，推动数字阅读普及。

4. 创新绩效

2023 年，中文在线实现营收 14.09 亿元，同比增长 19.44%，归母净利润 8943 万元，同比扭亏为盈，核心得益于短剧业务爆发及 AI 技术降本增效。短剧相关收入占比超 40%，带动 IP（知识产权）衍生毛利率提升 12 个百分点，达到 44.22%。公司现金流状况改善，管理费用下降 39.65%，运营效率显著提升。

技术创新驱动生态价值持续释放，"中文逍遥"大模型已服务数万创作者，AI 生成内容占比达 30%，预计未来三年将节省人力成本超 2 亿元。海外业务收入占比提升至 25%，Reelshort 用户超 5000 万，成为全球增长最快的短剧平台之一。公司市值在 AI 风口下突破 180 亿元，彰显了资本市场对其"内容＋科技"双轮驱动模式的认可。

二、企业 B：金山办公

金山办公成立于 1988 年，总部位于北京，是全球领先的办公软件与服务提供商。2019 年，公司在上海证券交易所科创板上市，成为 A 股市值最高的软件企业之一。作为中国民族软件的代表，金山办公以"让智慧绽放"为使命，致力于通过技术创新重塑全球办公方式。

金山办公以 WPS Office 为核心，构建了覆盖全场景的办公生态。其自主研发的文档处理引擎支持 200 多种文件格式，与微软 Office 的兼容性达 99.8%，并通过 AI 技术实现多模态文档解析、智能排版等功能。公司累计申请专利超 3800 项，主导制定多项国家及行业标准，技术实力稳居全球办公软件第一梯队。

1. 技术创新

金山办公以"AI＋办公"为战略核心，持续推动技术突破与场景落地。2024 年发布的 WPS AI2.0 集成写作、阅读、数据、设计四大智能助手，覆盖文档生成、分析、协作全流程，推动办公效率提升三倍以上。在技术生态布局上，金山办公一方面通过与亚马逊 Bedrock 合作接入 Claude3 模型，提升语义理解与内容生成能力；另一方面自主研发 AI Hub 平台，支持企业客户快速调用定制化模型，降低 AI 使用门槛。截至 2024 年，公司 AI 功能已覆盖全球 1.5 亿用户，其中海外用户占比超 30%，AI 驱动的会员订阅收入同比增长 50%。

2. 知识资本

金山办公的技术优势源于 36 年的持续积累，形成了"文档技术＋AI 能力＋数据资产"的三维知识资本体系。

一是文档技术壁垒。公司掌握文字排版、表格计算、动画渲染等核心技术，其自主研发的文档处理引擎支持超过 200 种文件格式，与微软 Office 的兼容性达 99.8%。WPS Office 在 Windows 平台的覆盖率达 68.7%，累计处理文档超 1000 亿份。

二是 AI 技术储备。公司过去几年在 CV（计算机视觉）/NLP（自然语言处理）领域投入超 20 亿元，构建了覆盖文档理解、内容生成、多语言翻译的技术矩阵。2024 年发布的 WPS 365 平台集成 AI Docs 与 Copilot Pro 模块，实现文档全生命周期智能化管理。

三是数据资产护城河。基于 4 亿注册用户的使用行为数据，金山办公构建了行业领先的训练数据集，涵盖 17 种语言、200 余个细分场景，支撑 AI 模型持续迭代优化。公司云端存储总量达 270PB，每日处理文档请求超 10 亿次。

知识产权保护方面，金山办公累计申请专利 3800 余项，其中发明专利占比超 60%，并主导制定多项国家及行业标准。其"区块链＋司法"维权体系已处理侵权案件超 5 万起，有效维护了技术成果与商业价值。

3. 价值网络

金山办公构建了"国内＋海外"双轮驱动的价值网络，通过技术、产品与生态协同实现全场景覆盖。在国内市场，占据国内办公软件 80% 的市场份额，服务党政军、金融、教育等领域 1000 余家头部客户。推出金山数字办公平台，整合协同编辑、会议管理、数据治理等功能，为政企客户提供私有化部署解决方案。在海外市场，通过与小米、华为等手机厂商预装合作，WPS 在印度、印尼等市场用户超过 5000 万，移动端 MAU（月活跃用户数量）是微软 Office 的 10 倍以上；实施"本土化＋AI"策略，在泰国推出泰语版，在印度提供节日模板，并接入亚马逊云服务优化用户体验。

4. 创新绩效

金山办公的技术创新与生态布局转化为显著的商业成果：2024 年，公司营收 51.21 亿元，同比增长 12.4%；归母净利润 16.45 亿元，同比增长 24.84%。AI 驱动的订阅收入占比达 65%，毛利率提升至 82.3%。全球 MAU 超过 5.78 亿，其中 WPS AI 功能使用率达 70%，用户效率提升 3 倍以上。公司市值突破 1600 亿元，位列科创板软件行业首位。通过"国产替代＋全球化"战略，金山办公打破微软垄断，其 AI 技术被纳入国家信创标准体系，推动中国办公软件从"可用"向"好用"跨越。

三、企业 C：海康威视

海康威视成立于 2001 年，总部位于浙江省，于 2010 年在深圳证券交易所中小企业板上市，并于 2015 年被认定为中国驰名商标。海康威视专业聚焦综合安防、大数据服务、智慧业务领域，主要提供领先的视频产品、专业的行业解决方案与内容服务。海康威视以"善见致知，同行致远"为使命，遵循"专业，厚实，诚信，持续创新"的理念，以用户价值诉求为牵引，实现行业价值落地。海康威视作为全球安防龙头企业，以视频感知为基础，构建了包括可见光、热成像、雷达、X 光等电磁波，声波、超声波等机械波，以及多种物理传感技术的全面感知体系。海康威视被英国评估机构 Brand Finance 评为"2016 科技品牌百强"；连续四年排在 a&s《安全自动化》公布的"全球安防 50 强"榜首；依据 Omdia 报告，海康威视的全球视频监控市场优势使其连续 8 年在全球视频监控行业位列第一。

1. 技术创新

2022 年海康威视研发投入 98.14 亿元，占公司销售额的比例为 11.8%。公司研发和技术服务人员约 2.8 万人，在同行业中持续保持领先。目前公司在售产品型号已超过 3 万个，在满足用户碎片化需求方面形成了较大优势。海康威视在基础算力和大模型建设上进行了大量的投入和积累，相关能力不仅在硬件产品、软件产品中得到应用，也落地到包括海康威视 AI 开放平台等面向用户的算法训练中。预训练大模型及其他智能技术领域的突破，必然会促进 AI 更广泛的价值落地。

2. 知识资本

海康威视的全球影响力与其持续积极推进国际化战略密不可分，在开拓国际市场时，海康威视注重以技术和产品研发为主导，同时建设完善的海外营销与服务网络。研发方面，海康威视在海外建立了加拿大蒙特利尔、英国伦敦、阿联酋迪拜 3 个研发中心，形成了以总部为中心辐射区域的多级研发体系；生产方面，海康威视通过印度、巴西、英国海外工厂的本地化制造，支持全球产品持续供应。此外，海康威视积极推动共享平台搭建，鼓励数据交互、平台用户及资源的分享，2022 年，海康威视以科学高效的管理方式持续推进海康威视斑头雁基金项目的实施，目前 11 个项目顺利结束，总计形成论文、准成果数十项，并组织开展了 3 场学术报告与技术论坛，为高校学者和研发人员提供了产学研交流融合的机会与平台。同时，海康威视还面向技术开发者、技术爱好者和普通受众提供线上线下交流分享平台，传播科技知识，共享科技成果。

3. 价值网络

海康威视秉承"充分开放，成就彼此"的理念，致力于打造产业创新联合体。基于前沿技术，公司携手各方开发解决方案，助力产业智能化升级，与合作伙伴开展技术合作、产品合作、方案合作、服务合作及销售合作，多方面对合作伙伴进行技术赋能、市场赋能、成长赋能，提供优质的开发及技术支持服务、行业业务动态及市场资讯，并借助培训认证助力合作伙伴快速成长，创造和谐互助的行业氛围。

4. 创新绩效

为了拓宽业务范畴与扩大目标市场，海康威视于 2016 年开创了不同业务领域的子公司，创新业务收入占比有明显的提升趋势。除了主营业务之外，海康威视基于技术积累和业务布局，发展第二增长曲线。创新业务的业绩也在公司的战略布局下不断攀升，营业收入由 2016 年的 6.48 亿元增长至 2022 年的 150.70 亿元，占比也从 2% 增至 18.12%。2023 年上半年，海康威视创新业务整体创收 81.88 亿元，同比增长 16.85%。机器人业务及汽车电子业务增速超过预期，分别同比增长 29% 和 21.57%。其他创新业务同比增长 23.86%。

第三节　资料分析与编码

收集完成 3 个企业的基本资料之后，根据扎根理论范式的研究步骤，运用 Xmind 软件对 3 个企业的基本资料进行编码整理，提炼出研究需要的核心范畴、开放式编码、主轴编码和选择性编码。首先进行开放式编码,得到 97 个编码支持,抽象出 3 个能够解释高科技企业创新绩效影响的核心范畴;其次进行主轴编码,对 3 个核心范畴进行抽象定义、比较,补充资料,共获得 4 层 97 个编码,达到饱和程度;最后进行选择性编码,分析核心范畴、主范畴等所有范畴之间的关系,并且以"故事线"的形式描述现象。核心范畴、开放式编码和选择性编码的具体情况,如表 3-1 所示。

表 3-1 核心范畴、开放式编码和选择性编码情况

核心范畴	开放式编码(层级)	选择性编码(层级)
技术创新	38(3)	38(4)
知识资本	32(3)	32(4)
价值网络	27(3)	27(4)

一、开放式编码

开放式编码是对访谈收集到的资料进行初步的分析,目的是从原始语句中产生初始概念,发现初始范畴。在编码的过程中,为了保留访谈对象的真实观点,研究尽量选用受访对象的原始语句,以此进行分析和提炼,形成初始概念。囿于篇幅限制,研究仅选取部分访谈资料对编码过程进行分析。

1. 技术创新开放式编码

技术创新方面的数据,如表 3-2 所示。

表 3-2 技术创新部分数据

名称	原始语句	编码
企业 A	企业 A 以"AI＋内容"为核心战略，在技术创新领域持续突破，投入大量研究经费进行基础技术研究。2024 年推出的自研大模型"中文逍遥"已实现文本生成、多语言创作、剧本辅助等功能，形成了独特的科技创新体系，尤其在小说续写、跨语种翻译方面表现突出，并通过国家网信办备案，向创作者开放使用 在技术出海方面，企业 A 与韩国在线漫画公司 Lezhin Entertainment 合作开发 AI 动漫短剧，成功地将动态漫技术输出至海外市场，覆盖英语、日语、韩语等多语种用户。同时，公司与头部大模型企业签订数据服务合同，利用自身的 60TB 正版内容库（含文字、音频、视频等）为行业提供训练支持，强化技术生态布局	企业投入大量研究经费 企业注重基础研究 企业重点突破核心技术 企业形成科技创新体系 企业加速技术出海 企业将技术开源，开放使用
企业 B	企业 B 以"AI＋办公"为战略核心，持续推动技术突破与场景落地。2024 年，公司发布的 WPS AI2.0 已实现覆盖写作、阅读、数据、设计四大场景的智能化功能。在技术生态布局上，企业 B 一方面通过与亚马逊 Bedrock 合作接入 Claude3 模型，提升语义理解与内容生成能力；另一方面自主研发 AI Hub 平台，支持企业客户快速调用定制化模型，降低 AI 使用门槛。截至 2024 年，公司 AI 功能已覆盖全球 1.5 亿用户，其中海外用户占比超 30%，AI 驱动的会员订阅收入同比增长 50% 多模态文档处理：通过融合 CV/NLP 技术，WPS AI 可精准解析复杂排版文档，支持竖排文字、多栏布局及图文混排的自动化处理，尤其在票据信息抽取、大纲生成等场景中准确率达到 99% 轻量化模型优化：针对海外低配置设备市场，企业 B 开发了更小体积的 AI 引擎，运行资源占用降低 40%，确保在印度等网络环境较差的地区仍能流畅使用 AI 功能 垂直领域深度适配：推出的"金山政务办公模型 1.0"，针对中国公文格式、审批流程进行专项优化，实现红头文件自动生成、政策术语智能匹配，成为政府机构数字化转型的重要工具	企业以引领行业发展为目标迭代技术 企业保持战略定力 企业通过技术创新降低成本 企业另辟蹊径，开创新的创新方向 企业为创新项目持续投入经费

续表

名称	原始语句	编码
企业C	企业C在2022年研发投入98.14亿元，占公司销售额的比例为11.8%。公司研发和技术服务人员约2.8万人，在同行业中持续保持领先。目前在售产品型号已超过3万个，在满足用户碎片化需求方面形成较大优势。企业C在"致股东信"中指出，科学技术是第一生产力，科技进步对人类各方面的影响还在进一步加快、加大，公司拥抱科技变化，顺应技术发展趋势。AI技术的发展，让公司拥有更强的能力，"物"的更多数据触手可及，智能物联可以打开更多应用空间。企业C在基础算力和大模型建设上进行了大量的投入和积累，相关能力不仅在硬件产品、软件产品中得到应用，也落地到包括企业CAI开放平台等面向用户的算法训练中。预训练大模型及其他智能技术领域的突破，必然会促进AI更广泛的价值落地 企业C的全球影响力与其持续积极推进国际化战略密不可分。开拓国际市场时，企业C注重以技术和产品研发为主导，同时建设完善的海外营销与服务网络。研发方面，在海外建立了加拿大蒙特利尔、英国伦敦、阿联酋迪拜3个研发中心，形成了以总部为中心辐射区域的多级研发体系；生产方面，企业C通过印度、巴西、英国海外工厂的本地化制造，支持全球产品持续供应	企业的研发投入在行业中处于领先水平 企业注重跟随科技发展趋势 企业在前沿领域投入大量资源

在访谈数据的基础上，对技术创新（TI）这一核心范畴进行开放式编码，得到3层共计38个开放性编码支持。各初始范畴内涵及其编码如表3-3所示。

表 3-3 技术创新开放式编码汇总

初始范畴	内涵	编码
TI1 技术创新方向	企业对科技发展趋势，包括技术创新方向、技术突破切入点的重视程度	企业另辟蹊径，开创新的创新方向
		企业注重基础研究
		企业重点突破核心技术
		企业注重跟随科技发展趋势
		企业注重AI技术的突破发展
TI2 资金投入	企业在技术创新方面投入的金钱	企业为创新项目持续投入经费
		企业投入大量研究经费
		企业确保研发支出占总支出的比重
TI3 其他资源投入	除金钱外，企业在技术创新方面投入的资源，如分公司建设、研发活动配套建设	企业在前沿领域投入大量资源
		企业建立海外研发中心
		企业为海外技术中心配套营销与服务网络
		企业实现产品研发与生产销售本土化
		企业的研发投入在行业中处于领先水平
		企业形成科技创新体系
		企业配备完善的技术创新设备
		企业将销售和生产资源向新开发产品倾斜
TI4 技术创新战略	企业对技术创新的态度，开展技术创新活动的思路	企业保持战略定力
		企业在研发过程中，坚持目标路线
		企业将自主创新与创新成果改造相结合
		企业谨慎决定技术创新方向
		企业建立以总部为核心的多级研发网络

续表

初始范畴	内涵	编码
TI5 技术创新目标	企业开展技术创新活动的动力	企业以引领行业发展为目标，迭代技术
		企业通过技术创新降低成本
TI6 产学研合作	企业与高校、科研机构开展的合作	企业进行产学研融合
		企业与高校合作，促进科技成果转化
		企业与高校成立实验室
		企业与研究机构建立战略合作关系
		企业与高校成立研发中心
		企业拥有国家重点实验室
		企业成立创新项目基金
		企业拥有多个国家级创新平台
TI7 人力资源投入	企业为实现创新目的，组建创新团队	企业组建专业技术团队
		企业组建专业研发创新团队
		企业打造技术研究院
		企业斥资引进科技人才
		企业为研发人员提供高额工资与奖金
		企业为研发人员提供丰厚福利
		企业为研发团队开设团队奖金

2. 知识资本开放式编码

知识资本方面的数据，如表 3-4 所示。

表 3-4 知识资本部分数据

名称	原始语句	编码
企业 A	作为数字出版先驱，企业 A 累计聚合 560 万种数字内容资源，涵盖网文、出版物、有声书等多种形态，签约作家超 2000 名，驻站作者 450 余万名，形成"17K 小说网＋四月天女频＋奇想宇宙科幻＋谜想计划悬疑"的垂直内容矩阵	企业探索最有竞争力的产品组合 企业注重产品质量管理 企业拥有强大的创作者团队
企业 B	文档技术壁垒：公司掌握文字排版、表格计算、动画渲染等核心技术，其自主研发的文档处理引擎支持超过 200 种文件格式，与微软 Office 的兼容性达 99.8%。WPS Office 在 Windows 平台的覆盖率达 68.7%，累计处理文档超 1000 亿份 AI 技术储备：过去几年在 CV/NLP 领域投入超 20 亿元，构建了覆盖文档理解、内容生成、多语言翻译的技术矩阵。2024 年发布的 WPS 365 平台集成 AI Docs 与 Copilot Pro 模块，实现文档全生命周期智能化管理 数据资产护城河：基于 4 亿注册用户的使用行为数据，构建了行业领先的训练数据集，涵盖 17 种语言、200 余个细分场景，支撑 AI 模型持续迭代优化。公司云端存储总量达 270PB，每日处理文档请求超 10 亿次	企业拥有核心技术 企业实现知识资本全生命周期智能化管理 企业构建训练数据集 企业拥有大量数据资产 企业拥有技术矩阵

续表

名称	原始语句	编码
企业 C	企业 C 积极推动共享平台搭建，鼓励数据交互、平台用户及资源的分享，提升行业创新发展整体效能。为了更好地开放共享能力，企业 C 于 2020 年设立了网站，上线基于 1 个数智底座和设备、基础、数据、平台、应用 5 层的开放能力，截至 2022 年年末，公司培训认证体系可提供 10 门认证服务，线上视频课程超过 300 门，涵盖 AI 及行业开放平台，已覆盖 300 余家生态客户，赋能 650 位合作伙伴。在推进产学研融合方面，企业 C 于 2021 年与中国计算机学会（CCF）共同发起斑头雁基金项目，目前 11 个项目顺利结束，总计形成论文、准成果数十项，并组织开展了 3 场学术报告与技术论坛，为高校学者和研发人员提供了产学研交流融合的机会与平台。在开放传播方面，企业 C 面向技术开发者、技术爱好者和普通受众提供线上线下交流分享平台，传播科技知识，共享科技成果	企业建设研发资源共享平台 企业鼓励数据交互 企业倡导平台资源共享 企业提供线上视频课程 企业举行学术交流活动 企业组织学术报告会 企业组织技术论坛 企业吸引技术开发者、技术爱好者进行交流 企业为研发团队开设团队奖金

在访谈数据的基础上，对知识资本（KC）这一核心范畴进行开放式编码，得到 3 层共计 32 个开放性编码支持，如表 3-5 所示。

表 3-5　知识资本开放性编码汇总

初始范畴	内涵	编码
KC1 员工学历	企业现有员工的学历以及企业招聘时对员工的学历要求	企业有较高的招聘门槛
		企业提高研发能力要求
		企业引进高学历人才
		企业提高高学历员工的比例
KC2 员工培养	企业对员工的培养体系、员工的学习与自我提升体系	企业向员工提供线上视频课程
		企业对员工进行技能培训
		企业在研发活动中培养科研骨干
		企业向员工提供国外学习的机会
		企业向员工提供深造的机会
KC3 学术交流	企业内、外部的信息共享，知识、技能学习活动	企业建设研发资源共享平台
		企业鼓励数据交互
		企业倡导平台资源共享
		企业组织学术报告会
		企业组织技术论坛
		企业吸引技术开发者、技术爱好者进行交流
		企业举行学术交流活动

续表

初始范畴	内涵	编码
KC4 管理模式优化	企业内部的知识资本管理体系优化	企业持续改进管理模式
		企业建立数字化管理模式
		企业的研发人员具有一定的自主决策权
		企业赋予研发人员更多的权力
		企业优化组织结构
		企业优化运营管理模式
		企业引入先进的管理手段和工具
KC5 运营模式优化	企业内部为了发挥知识资本的作用而进行的运营模式优化	企业实现业务可量化评估
		企业提升大批量制造的能力
		企业满足客户个性化小批量定制的需求
		企业注重产品质量管理
		企业关注全链条质量管理的提升
		企业关注标准流程融合
KC6 规划与策略	企业为了发挥知识资本的作用而进行的战略规划	企业对短期和长期发展分别进行规划
		企业探索最有竞争力的产品组合
		企业对未来需求进行预测

3. 价值网络开放式编码

价值网络方面的数据，如表3-6所示。

表 3-6 价值网络部分数据

名称	原始语句	编码
企业 A	IP（知识产权）衍生方面，公司形成"音频＋动漫＋短剧＋影视"的多元变现模式，2023 年 IP（知识产权）衍生收入同比增长 94.41%，达到 6.64 亿元。短剧业务尤为突出，旗下的"野象剧场"小程序及海外 Reelshort App 在欧美市场超越 TikTok，单月流水破亿元，验证了"内容＋技术＋渠道"的全球化复制能力。公司还布局元宇宙领域，探索虚拟人、数字藏品等新形态，将多部 IP（知识产权）转化为多语种动态漫，实现文化出海新突破	企业保持在价值网络的中心位置 企业进行客户区域市场细分
企业 B	企业 B 与华为鸿蒙深度合作，推出 WPS 鸿蒙版，实现手机、PC、平板多端无缝协作。构建"WPS＋第三方开发者"生态，开放 API 接口 200 余个，吸引超过 500 家合作伙伴开发垂直领域应用	企业与合作伙伴共同研发 企业与供应商协同开发 企业构建技术开发生态
企业 C	秉承"充分开放，成就彼此"的理念，企业 C 致力于打造产业创新联合体。基于前沿技术，携手各方开发解决方案，助力产业智能化升级，与合作伙伴开展技术合作、产品合作、方案合作、服务合作及销售合作，多方面对合作伙伴进行技术赋能、市场赋能、成长赋能，提供优质的开发及技术支持服务、行业业务动态及市场资讯，并借助培训认证助力合作伙伴快速成长，创造和谐互助的行业氛围	企业打造产业创新联合体 企业创造和谐互助的行业氛围

在访谈数据的基础上，对价值网络（VN）这一核心范畴进行开放式编码，得到 3 层共计 27 个开放性编码支持，如表 3-7 所示。

表 3-7 价值网络开放式编码汇总

初始范畴	内涵	编码
VN1 供应链管理	企业对价值网络的态度及价值网络运营的方式	企业打造"双供应链"体系
		企业建立垂直一体化产品可追溯管理体系
		企业完善供应商管理体系
		企业制定供应商管理办法
		企业对供应商实行分级分类管理
		企业对供应商实行全生命周期管理
		企业建设绿色供应链体系
VN2 维持价值网络地位	企业维护价值网络的稳定性及其在价值网络中的位置	企业保持在价值网络的中心位置
		企业创造和谐互助的行业氛围
		企业以供应链需求为出发点进行技术研发
		企业向价值网络中的企业提供市场信息
		企业向价值网络中的企业提供业务动态
		企业推动整个产业链减碳
VN3 客户管理	企业维护价值网络中的重要客户	企业进行客户区域市场细分
		企业向客户提供完整的系统解决方案
		企业拉近自身与客户之间的距离
		企业进行本土化研发、销售与服务
VN4 协同开发	企业与价值网络的成员合作进行研发创新活动	企业与合作伙伴共同研发
		企业打造产业创新联合体
		企业在合作中积累供应商资源
		企业通过合作获取产品开发思路
		企业直接获取先进技术
		企业直接获取先进生产流程
		企业与供应商协同开发

续表

初始范畴	内涵	编码
VN5 价值网络扩张	企业完善价值网络，寻找更多的合作伙伴	企业对海外市场进行系统布局 企业积极扩展市场，与其他企业展开合作 企业提高价值网络的丰富性

二、主轴式编码

开放式编码的下一个阶段是主轴式编码，在这一阶段主要是发现、建立与初始范畴之间潜在的逻辑关系，并且提炼出一个主范畴。经过开放式编码之后，原始资料形成了 18 个初始范畴，对比各个范畴之间的关系进行探索和分析，最终归纳出最具有代表性的 7 个副范畴。各主范畴、副范畴、对应的初始范畴内涵及其编码，如表 3-8 所示。

表 3-8 主轴式编码结果

主范畴	副范畴	对应初始范畴	内涵	编码
技术创新	资源投入	TI2 资金投入	企业在技术创新方面投入的金钱	企业为创新项目持续投入经费 企业投入大量研究经费 企业确保研发支出占总支出的比重

续表

主范畴	副范畴	对应初始范畴	内涵	编码
技术创新	资源投入	TI3 其他资源投入	除金钱外，企业在技术创新方面投入的资源，如分公司建设、研发活动配套建设	企业在前沿领域投入大量资源 企业建立海外研发中心 企业为海外技术中心配套营销与服务网络 企业实现产品研发与生产销售本土化 企业的研发投入在行业中处于领先水平 企业形成科技创新体系 企业配备完善的技术创新设备 企业将销售和生产资源向新开发产品倾斜
		TI7 人力资源投入	企业为实现创新目的，组建创新团队	企业组建专业技术团队 企业组建专业研发创新团队 企业打造技术研究院 企业斥资引进科技人才 企业为研发人员提供高额工资与奖金 企业为研发人员提供丰厚福利 企业为研发团队开设团队奖金
	规划与战略	TI6 产学研合作	企业与高校、科研机构开展的合作	企业进行产学研融合 企业与高校合作，促进科技成果转化 企业与高校成立实验室 企业与研究机构建立战略合作关系 企业与高校成立研发中心 企业拥有国家重点实验室 企业成立创新项目基金 企业拥有多个国家级创新平台

续表

主范畴	副范畴	对应初始范畴	内涵	编码
技术创新	规划与战略	TI1 技术创新方向	企业对科技发展趋势，包括技术创新方向、技术突破切入点的重视程度	企业另辟蹊径，开创新的创新方向 企业注重基础研究 企业重点突破核心技术 企业注重跟随科技发展趋势 企业注重AI技术的突破发展
技术创新	规划与战略	TI4 技术创新战略	企业对技术创新的态度，开展技术创新活动的思路	企业保持战略定力 企业在研发过程中，坚持目标路线 企业将自主创新与创新成果改造相结合 企业谨慎决定技术创新方向 企业建立以总部为核心的多级研发网络
技术创新	规划与战略	TI5 技术创新目标	企业开展技术创新活动的动力	企业以引领行业发展为目标，迭代技术 企业通过技术创新降低成本
知识资本	人力资本	KC1 员工学历	企业现有员工的学历以及企业招聘时对员工的学历要求	企业有较高的招聘门槛 企业提高研发能力要求 企业引进高学历人才 企业提高高学历员工的比例
知识资本	人力资本	KC2 员工培养	企业对员工的培养体系、员工的学习与自我提升体系	企业向员工提供线上视频课程 企业对员工进行技能培训 企业在研发活动中培养科研骨干 企业向员工提供国外学习的机会 企业向员工提供深造的机会

续表

主范畴	副范畴	对应初始范畴	内涵	编码
知识资本	人力资本	KC3 学术交流	企业内、外部的信息共享，知识、技能学习活动	企业建设研发资源共享平台 企业鼓励数据交互 企业倡导平台资源共享 企业组织学术报告会 企业组织技术论坛 企业吸引技术开发者、技术爱好者进行交流 企业举行学术交流活动
知识资本	结构资本	KC4 管理模式优化	企业内部的知识资本管理体系优化	企业持续改进管理模式 企业建立数字化管理模式 企业的研发人员具有一定的自主决策权 企业赋予研发人员更多的权力 企业优化组织结构 企业优化运营管理模式 企业引入先进的管理手段和工具
知识资本	结构资本	KC5 运营模式优化	企业内部为了发挥知识资本的作用而进行的运营模式优化	企业实现业务可量化评估 企业提升大批量制造的能力 企业满足客户个性化小批量定制的需求 企业注重产品质量管理 企业关注全链条质量管理的提升 企业关注标准流程融合
知识资本	结构资本	KC6 规划与策略	企业为了发挥知识资本的作用而进行的战略规划	企业对短期和长期发展分别进行规划 企业探索最有竞争力的产品组合 企业对未来需求进行预测

续表

主范畴	副范畴	对应初始范畴	内涵	编码
价值网络	价值网络扩张	VN1 供应链管理	企业对价值网络的态度及价值网络运营的方式	企业打造"双供应链"体系 企业建立垂直一体化产品可追溯管理体系 企业完善供应商管理体系 企业制定供应商管理办法 企业对供应商实行分级分类管理 企业对供应商实行全生命周期管理 企业建设绿色供应链体系
价值网络	价值网络扩张	VN3 客户管理	企业维护价值网络中的重要客户	企业进行客户区域市场细分 企业向客户提供完整的系统解决方案 企业接近自身与客户之间的距离 企业进行本土化研发、销售与服务
价值网络	价值网络扩张	VN2 维持价值网络地位	企业维护价值网络的稳定性及其在价值网络中的位置	企业保持在价值网络的中心位置 企业创造和谐互助的行业氛围 企业以供应链需求为出发点进行技术研发 企业向价值网络中的企业提供市场信息 企业向价值网络中的企业提供业务动态 企业推动整个产业链减碳
价值网络	价值网络扩张	VN5 价值网络扩张	企业完善价值网络，寻找更多的合作伙伴	企业对海外市场进行系统布局 企业积极扩展市场，与其他企业开展合作 企业提高价值网络的丰富性

续表

主范畴	副范畴	对应初始范畴	内涵	编码
价值网络	价值网络利用	VN4 协同开发	企业与价值网络的成员合作进行研发创新活动	企业与合作伙伴共同研发 企业打造产业创新联合体 企业在合作中积累供应商资源 企业通过合作获取产品开发思路 企业直接获取先进技术 企业直接获取先进生产流程 企业与供应商协同开发

三、选择性编码

对原始访谈资料进行扎根理论分析的最后一个阶段是选择性编码，这一阶段主要是从主范畴中找到核心范畴，分析核心范畴与主范畴以及其他范畴的联系，并且以"故事线"的形式描述行为现象。

经过开放式编码、主轴式编码分析之后，得出本书的"故事线"为：高科技企业进行研发创新活动，最终的创新绩效受到多种因素的影响，技术创新活动是企业进行技术、产品迭代升级，提升创新绩效的起点，企业拥有的知识资本是技术创新活动的有效载体，决定了技术创新活动效果的下限，对于创新活动的资金投入、研发人员投入是为了激发企业已拥有的知识资本的活力，使知识资本转化为实际价值，企业置身于价值网络中，能够掌握更多有关市场变化、技术产品创新的信息，更好地制定技术创新和资源投入的策略，与价值网络节点中的其他企业展开合作，提升企业的创新绩效。

技术创新、知识资本、价值网络和创新绩效是案例研究的主范畴，它们之间的典型关系结构如表 3-9 所示。

表 3-9 主范畴间的典型关系结构

典型关系结构	关系结构的内涵
技术创新—创新绩效	企业产生创新性的想法，对企业拥有的资源进行合理分配，从而将这些想法转变为市场化的产品或服务
知识资本—创新绩效	知识资本代表了企业将旧资源转化为新资源的能力，企业拥有的知识资本越多，就能够更好地实现创新成果的产出
价值网络—创新绩效	价值网络中各个主体复杂的联系促成了企业间的合作以及价值传递、资源共享，提升了创新绩效
技术创新—知识资本—创新绩效	知识资本的积累是技术创新的结果，只有积累一定数量的知识资本，才能有足够的实力将企业的技术创新计划转化为实际的创新行动
技术创新—价值网络—创新绩效	企业在价值网络中的不同位置会影响企业对资源的获取和运用
技术创新—知识资本—价值网络—创新绩效	当企业同时拥有丰富的知识资本和完整的价值网络，那么企业的研发创新活动就能获得更强的动力，得到更多的支持，不会因信息差问题造成风险，由创新投入向创新成果的转换过程会更加顺畅，有限的研发资源也能得到最大限度的利用和转化

四、饱和度检验

饱和度检验是指对新获取的原始资料再次进行开放式编码、主轴式编码和选择性编码，如果没有发现新的主范畴关系结构，就说明经过扎根理论分析提炼的范畴及其之间的类属关系达到了饱和状态。基于此，本书又选择了 5 位访谈对象进行深度访谈，重新运用扎根理论的三级编码程序进行分析，最终的结果是没有发现新的重要范畴，主范畴内部也没有发现新的概念，因此，可以认为本书利用扎根理论分析提炼的范畴类属已经达到了理论饱和状态。

第四节　扎根理论分析的结论

运用扎根理论对 3 家案例企业的访谈和调研结果进行分析，结论是拥有丰富知识资本的企业重视技术创新，同时借助价值网络的力量可以有效提升企业的创新绩效。由此，初步总结出技术创新、知识资本、价值网络和创新绩效 4 个变量的作用机理，提出理论模型预设。

一、变量的维度划分

技术创新对企业创新绩效的影响可以从资源投入、规划和战略两方面进行解释。首先，资源投入主要包括创新项目的人力资源投入、资金投入以及其他抽象资源的投入，为了实现创新目标，企业组织进行的科研活动也属于资源投入的范畴，用资源投入衡量技术创新便于进行数据量化。其次，规划和战略主要是指企业在开展技术创新活动时制定的方向、发展战略以及具体方案，同时也包含了企业对待技术创新的态度，规划和战略的量化难度较大。

知识资本对企业创新绩效的影响可以从人力资本和结构资本两方面解释。人力资本包括企业的员工能力、员工素质、员工学历等方面的因素，结构资本涉及企业拥有的能够帮助企业创造价值的管理运营模式方面的资源。

价值网络对企业创新绩效的影响可以从价值网络维护、价值网络扩张和价值网络利用三个方面来解释。价值网络维护是指企业为了维持现有的价值网络规模、合作伙伴关系以及在价值网络中的位置采取的各种举措；价值网络扩张是指企业吸收新的客户或供应商进入原有的价值网络中，扩展价值网络的边界；价值网络利用是指企业利用价值网络进行创新活动、获取创新资源的过程。

二、概念间的作用机理

技术创新对创新绩效具有正向影响。技术创新作为一种有目的、有计划的系统行为，不仅能够帮助案例企业产生创新性的想法，还能够帮助案例企业将这些想法转变为市场化的产品或服务，技术创新能力的重要体现在于对企业拥有的资源进行有效分配，从而为企业带来竞争优势，并帮助其提升创新绩效。

知识资本对创新绩效具有正向影响。企业知识资本的核心是人才创造力和持久性，案例企业在进行技术创新、研发投入的过程中，为项目投入的资源是旧资源，项目最终的成果是新资源，由旧资源向新资源进行转化需要经历创造、共享、整合的加工过程，其中，知识资本代表了企业将旧资源转化为新资源的能力，企业拥有的知识资本越多，就能够更好地实现创新成果的产出。

价值网络对创新绩效具有正向影响。案例企业自身、供应商、合作伙伴以及客户共同组成了一个价值网络，而价值网络形成的动力就是网络中各个节点的企业想要共同提升实力，实现利益最大化，这一追求成为企业进行创新活动的动力，价值网络中各个主体复杂的联系促成了企业间的合作以及价值传递、资源共享，提升了创新绩效。

知识资本在技术创新对创新绩效的影响中发挥了中介作用。在技术创新的实践中，技术创新活动需要丰富的知识资本作为载体，否则超额的技术创新投入将不会产生作用。案例企业通常需要加大研发支出，吸纳大量高科技人才，并购入高端设备，这些投入在硬实力和软实力层面塑造了企业的独特性，使之在众多竞争对手中脱颖而出，形成独特的核心优势。可以认为知识资本的积累就是技术创新的结果，只有积累一定数量的知识资本，才能有足够的实力将企业的技术创新计划转化为实际的创新行动，当企业拥有的知识资本受限，那么技术创新活动也将失去效率，从而影响创新绩效。

价值网络在技术创新对创新绩效的影响中发挥了中介作用。案例企业在价值网络中的不同位置会影响企业对资源的获取和运用，处于价值网络中心位置、价值网络完整、与价值网络中其他成员关系更加紧密的企业，能够掌握更多有关市场变化、技术产品创新的信息，更好地制定技术创新和资源投入的策略，选择出一个正确的创新方向，运用资源促进企业的创新活动,从而对企业创新绩效产生促进作用。

● 本章小结

　　本章运用扎根理论的方法对 3 家案例企业进行了探索性案例研究。在介绍了相关理论基础和研究方法,以及 3 家案例企业的选择标准和基本运营情况后,通过对 3 家企业的中高层管理者、技术部门、财务部门负责人员进行访谈,并根据企业披露的年报和其他资料获取了企业的原始数据。首先,对原始数据进行开放式编码,得到 97 个编码支持以及 18 个初始范畴;其次,进行主轴式编码,抽象出 3 个能够解释高科技企业创新绩效影响因素的主范畴以及 7 个副范畴,在选择性编码阶段构建主范畴之间的关系与"故事线",最终得到了主范畴之间的典型关系结构,且数据达到饱和状态;最后,根据"故事线"以及主范畴之间的典型关系结构,梳理了高科技企业创新绩效的影响机制,解释了变量间的作用机制。为研究技术创新、知识资本、价值网络与创新绩效的作用关系以及实证研究奠定了一定的基础,并为下一章进行理论演绎、提出假设、构建理论模型提供了分析框架。

第四章

研究方法与设计

本章首先对前两章的定性研究进行总结，梳理各个变量之间的关系，提出本书的研究假设和研究模型，然后介绍了文献研究法、案例分析法和实证分析法三种研究方法，并详细阐述了实证分析法在本书中的运用以及样本选择依据和数据来源。

第一节　理论分析与研究假设

一、技术创新对创新绩效的影响

已有的研究以及案例分析结果表明，技术创新对创新绩效具有正向影响。技术创新作为一种有目的、有计划的系统行为，不仅能够帮助企业产生创新性的想法，还能够帮助企业将这些想法转变为市场化的产品或服务，从而为企业带来竞争优势，并帮助其获取超额利润。企业技术创新能力的核心在于掌握专业知识的人以及技术系统和管理系统，这些人和系统既有助于企业内部构建良好的创新氛围，也有助于企业内部创建包容创新价值观的组织文化。

基于以上分析，本书提出如下假设。

H1：高科技企业技术创新对创新绩效有显著的正向影响。

二、技术创新、知识资本与创新绩效的关系

已有的研究以及案例分析结果表明，技术创新对知识资本具有正向影响。技术创新活动本身是一种探索，在探索的过程中，人员结构的优化、员工综合素质的提升是水到渠成的事情，并且企业也将在技术创新的探索过程中积累管理经验，提高运营能力。管理体系的优化属于知识资本中结构资本的优化，企业在推进技术创新的实践中，也同步推动了管理系统的不断演进，创造出有利于增强经营成果的环境。这个过程中充满了未知和风险，然而，正是这些高风险带来了高回报的可能。每当企业成功研发出新的技术或产品，其背后的推动力往往都源于管理体系的持续改善。一套科学且高效的组织管理系统能提升技术创新的效能，同时也能极大地鼓舞技术人才的创新热情。因此，企业的组织架构、经营策略乃至内部文化都将得到持续的优化和发展。邵兵等（2023）认为企业进行数字化转型的根基在于知识资本，企业的技术创新活动能够将传统的知识、不具体的知识、没有发挥价值的知识转化为智能化、平台化的知识，最终将原始的知识转变为能够创造价值的知识资本，提高企业对信息的吸收、处理和应用能力，因此技术创新对企业的知识资本具有显著的正向影响。

已有的研究以及案例分析结果同样表明，知识资本对创新绩效具有正向影响。李宁（2022）认为，员工的受教育水平以及研发人员的比重是企业知识资本的重要表现，受教育水平较高的员工面对变革以及研发投入会更加自信与果断，敢于挑战高风险的创新项目，凭借自身的知识

储备和工作经验，实现创新产出，受教育水平较低的员工则不愿改变，倾向于循规蹈矩、受制于传统的框架之下。程惠芳等（2023）指出，企业知识资本的重要组成部分——人力资本是决定企业创新绩效的关键要素，高质量的人力资本具有较强的资源使用能力，能够将企业配置于个人的资源发挥最大效用，高质量的人力资本对知识的学习、吸收和模仿能力更强，能够更好地学习新知识、创造新技术，对已有的创新成果进行优化改进。张守凤和刘昊蓉（2023）分析了知识资本的构成要素——人力资本对创新绩效的影响并得出结论，当企业员工的学历结构更高级、员工掌握的专业技能更加多样化，那么企业的创新绩效也将显著增强，知识资本能够促进技术创新对创新绩效的正向影响。高科技企业在技术创新领域的竞争力并非单纯建立在其积累的技术知识和技能之上，更关键的是倚仗其掌握的人力资源、组织能力、信息资源以及创新生态。

基于以上分析，本书提出如下假设。

H2：知识资本在高科技企业技术创新对创新绩效的影响中起到中介作用。

H2a：高科技企业技术创新对知识资本有显著的正向影响。

H2b：高科技企业知识资本对创新绩效有显著的正向影响。

三、技术创新、价值网络与创新绩效的关系

已有的研究以及案例分析结果表明，技术创新对价值网络具有正向影响。技术创新活动能够提升企业知名度，吸引更多的企业成为价值网络中的一员，在价值网络中，所有企业都具有"信号传递者"的身份，企业在传递信息的过程中，技术创新扮演着关键的角色。它被视作一种

有力的讯号，表明企业拥有先进的技术水平和不断增长的专利数量，这往往被投资者解读为公司具备独特的竞争优势和潜在的垄断地位。这样的认知提升了企业未来的增长前景，进而推高其市场估值，吸引更多的投资。随着投资的增加，提高了资产周转率和营业收入增长率，优化了运营效率，从而促进企业的长期稳健发展。

已有的研究以及案例分析结果同样表明，价值网络对创新绩效具有正向影响。企业自身、供应商、合作伙伴以及客户共同组成了一个价值网络，而价值网络形成的动力就是网络中各个节点的企业想要共同提升实力，实现利益最大化，这一追求成为企业进行创新活动的动力，同时，价值网络中各个主体复杂的联系促成了企业间的合作以及价值传递、资源共享，提升了创新绩效。温科等（2022）认为企业的价值网络关系越稳定越有利于创新绩效的提升，科技型企业通过深度融入价值网络，能够增加企业获取创新资源的渠道和路径，实现资源共享，降低研发创新活动的成本，通过形成一致的创新目标和价值取向，促进价值网络中各个企业的合作，提升创新绩效。

价值网络能够促进技术创新对创新绩效的正向影响，这种中介效应主要体现在信息差方面。王建平和吴晓云（2023）认为企业在价值网络中的不同位置会影响企业对资源的获取和运用，处于价值网络中心位置、价值网络完整、与价值网络中其他成员关系更加紧密的企业，能够掌握更多有关市场变化、技术产品创新的信息，更好地制定技术创新和资源投入的策略，选择出一个正确的创新方向，运用资源促进企业的创新活动，从而对企业创新绩效产生促进作用，而处于价值网络边缘的企业，其价值网络构建不够完善，与价值网络成员的合作程度较低，即使在某项创新活动中投入了大量的资源，并且制定了详尽的创新规划，但由于信息闭塞，因此大概率只能在创新活动方面步他人后尘，成为一个模仿者而非创造者，或是选错了技术或产品创新的方向，落后于市场节奏。

基于以上分析，本书提出如下假设。

H3：价值网络在高科技企业技术创新对创新绩效的影响中起到中介作用。

H3a：高科技企业技术创新对价值网络有显著的正向影响。

H3b：高科技企业价值网络对创新绩效有显著的正向影响。

四、知识资本与价值网络的关系

已有的研究以及案例分析结果表明，知识资本对价值网络具有正向影响。一方面，拥有丰富知识资本的科技企业，在与价值网络中的其他企业开展创新项目合作时，会自然地成为创新项目的主导者、推动者，拥有的知识资本越丰富，企业在创新项目中的话语权就越高，成为价值网络的中心，增强了价值网络的稳定性；另一方面，高质量的知识资本具有外部性，高质量的研发人才资源能够自发地进行区域沟通与协作，与外界建立新的联系，帮助企业逐步完善价值网络，扩展价值网络的边界。邵兵等（2023）认为，对知识资本具有较强管理能力和创造能力的企业能够将企业经营的相关信息以及市场信息更加迅速地反馈至企业内部各个相关部门，提高企业的适应能力，提高员工对外部信息、价值网络有效信息的学习意愿，在知识交互的过程中提高企业的创新能力。

按照价值导向管理理论的观点，技术创新、知识资本和价值网络与价值导向管理理论对应的企业价值管理系统的三个环节相对应，企业开展技术创新活动，优化了价值创造环节，通过技术创新提升了产品的竞争力或降低了产品的成本，从而为客户创造了更多的价值；知识资本丰富的企业需要构建一个更加科学高效的价值评价体系，知识资本的管理实际上就是衡量企业各种价值驱动要素对价值创造贡献情况的过程，因此知识资本也代表了企业的价值评价能力；价值网络则对应的是价值分享体系，随着企业管理制度的发展，企业的财务管理制度从由主要股东独享企业财务权利的单方管理进一步发展为大股东、员工和客户共同享有企业财务权利的多方联合管理；企业利益分配机制从收益共享进一步发展到价值共享。对于企业来说，只有处理好价值创造、价值评价和价值共享这条价值链的协调工作，员工才能有更持久的创造新价值的热情。因此，企业的技术创新活动通过价值评价和价值共享进一步促进了创新活动的开展，提升了创新绩效。

本书认为，高科技企业通过技术创新，提高了企业的知识资本进而完善了价值网络，最终提高了创新绩效，这是一个链式中介模型。企业开展技术创新活动，在潜移默化中优化了人员结构、提升了员工综合素质、积累了管理经验、提升了企业运营能力，强化了企业的知识资本。知识资本是企业拥有的一种重要资源，为了更好地运用这些资源，企业需要有清晰的战略规划以及资源开发策略，在价值网络中位于中心位置、领导位置的企业，往往拥有强大的综合实力，能够基于市场中的综合信息做出最佳决策，同时拥有更多的合作研发机会，与价值网络中的其他成员展开合作，使企业拥有的知识资本得到最大限度的开发。当企业同时拥有丰富的知识资本和完整的价值网络，那么企业的研发创新活动就获得了更强的动力，由创新投入向创新成果的转换过程会更加顺畅，有限的研发资源能够得到最大限度的利用和转化。

基于以上分析，本书提出如下假设。

H4：知识资本和价值网络在高科技企业技术创新对创新绩效的影响中起到链式中介作用，即高科技企业通过技术创新，提高了企业的知识资本进而完善了价值网络，最终提高了创新绩效。

H4a：高科技企业知识资本对价值网络有显著的正向影响。

五、研究假设汇总

本书按照"技术创新—知识资本—价值网络—创新绩效"的链式中介模型，提出9项研究假设，如表4-1所示。

表4-1 研究假设汇总

假设编号	假设内容
H1	高科技企业技术创新对创新绩效有显著的正向影响
H2	知识资本在高科技企业技术创新对创新绩效的影响中起到中介作用
H2a	高科技企业技术创新对知识资本有显著的正向影响
H2b	高科技企业知识资本对创新绩效有显著的正向影响
H3	价值网络在高科技企业技术创新对创新绩效的影响中起到中介作用
H3a	高科技企业技术创新对价值网络有显著的正向影响
H3b	高科技企业价值网络对创新绩效有显著的正向影响
H4	知识资本和价值网络在高科技企业技术创新对创新绩效的影响中起到链式中介作用，即高科技企业通过技术创新，提高了企业的知识资本进而完善了价值网络，最终提高了创新绩效
H4a	高科技企业知识资本对价值网络有显著的正向影响

根据各个变量的概念、作用机理以及研究假设，提出了本书的研究框架，将技术创新作为解释变量，创新绩效作为被解释变量，知识资本和价值网络作为中介变量，构建了"技术创新—知识资本—价值网络—创新绩效"的链式中介模型，如图4-1所示。

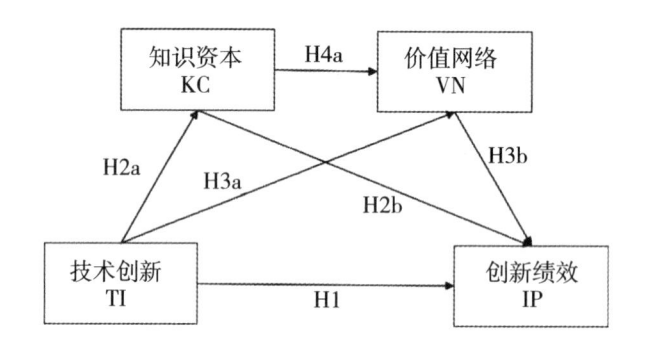

图 4-1 研究框架

第二节 变量度量

一、被解释变量

本书的被解释变量是创新绩效。

目前多数有关创新绩效的研究是以 A 股上市公司为研究对象，用某个或多个财务指标、经营指标计算创新产出或创新投入产出比，来衡量创新绩效。本书研究的侧重点在于企业的技术创新、与创新相关的条件对最终创新成果的影响，因此选用企业的专利申请数量作为企业创新绩效的测量方式，数据来源于 CNRDS 数据库和 CSMAR 数据库。

二、解释变量

本书的解释变量是技术创新。

创新投入是企业实现技术创新的必要条件。研发强度是学界度量企业技术创新投入的重要指标之一，通常采用将企业的研发投资与企业特定因素（如企业的销售额、资产的账面价值以及企业的市场价值等）对比的方法来衡量。由于样本或研究环境的某些特征，一些研究使用绝对研发投资作为研发强度的代理指标。除了内部的研发投入，企业还能通过外部技术引进的方式增加研发投入，企业建立外部研究联盟是获取外部研发投入的重要手段。对于技术创新的测量可以分为研发投入强度和技术人员强度两个层面，并按照综合评价法构建研发投入强度指数（RI）、技术人员强度指数（TE）和技术创新指数（TI）。技术创新投入对提升企业创新能力至关重要，企业创新绩效直接受到企业在创新活动中所投入资源的量化与质化影响。然而，在实际操作中，资源的量化和质化不易精确评估，也无法轻易用其他参数替代。鉴于此，无论是在研发还是非研发阶段，以总体资源投入作为评估技术创新投入能力的尺度，都能更全面地体现整体投入状况。多数研究主要是通过分析研发投入比例和技术人才集中度两个维度来评价企业的技术创新投入效能。宁连举和李萌（2011）指出，企业在进行研发创新活动时要拥有足够的科研技术人员与科研设备，并且这些科技人员必须具备较高的科研素质以保证科研活动的质量，科研设备也要及时更新。同时，企业也要拥有足够的资金投入以确保研发活动顺利开展。本书借鉴其指标测量方法，用来计算研发投入强度和技术人员强度，如表4-2所示。

表 4-2 技术创新指数的测量

变量	含义	度量方式
RI	研发投入强度	研发支出/主营业务收入
TE	技术人员强度	技术人员人数/员工总数

数据来源：CNRDS 数据库和 CSMAR 数据库。

技术创新指数（TI）＝研发投入强度指数（RI）＋技术人员强度指数（TE）。

三、中介变量

1. 价值网络

价值网络的常用度量方式是计算价值网络位置，价值网络位置主要体现为企业与合作伙伴的交流强度，有专门的量表用于评价企业的价值网络位置。本书借鉴王建平和吴晓云（2023）、赵泉午等（2010）的研究，采用客户集中度（CC）和供应商集中度（SP）两个指标对价值网络进行度量，如表 4-3 所示。

表 4-3 价值网络的测量

变量	含义	度量方式
CC	客户集中度	前五大供应商合计采购金额/年度采购总额
SP	供应商集中度	前五大客户销售额/年度销售总额

数据来源：CNRDS 数据库和 CSMAR 数据库。

价值网络（VN）=客户集中度（CC）+供应商集中度（SP）

2. 知识资本

通过对文献的整理和归纳，本书将知识资本划分为人力资本和结构资本两个维度，并依照综合评价法构建人力资本指数（HC）、结构资本指数（SC）及知识资本指数（KC）。

（1）人力资本指数构建。

本书借鉴侯晓娜和穆怀中（2022）等学者的研究成果，结合本书的研究模型和企业实际情况，选取研究生及以上学历员工比例和本科及以上学历员工比例两个指标对人力资本指数进行度量，如表4-4所示。

表4-4 人力资本指数的测量

变量	含义	度量方式
HC1	研究生及以上学历员工比例	研究生及以上学历员工人数/员工总数
HC2	本科及以上学历员工比例	本科及以上学历员工人数/员工总数

数据来源：CNRDS数据库和CSMAR数据库。

人力资本指数（HC）= HC1 + HC2。

（2）结构资本指数构建。

本书借鉴Edvinsson和Malone（1997）、李冬伟和汪克夷（2009）、汤湘希等（2011）等学者的研究成果，结合我国高技术企业的实际情况，初步选取4个指标（见表4-5），对其进行标准化处理后取平均值得到结构资本指数（SC）。

表 4-5 结构资本指数的测量

变量	含义	度量方式
SC1	应收账款周转率	主营业务收入 / 平均应收账款
SC2	存货周转率	主营业务收入 / 平均存货
SC3	管理费用率	管理费用
SC4	流动资产周转率	主营业务收入 / 平均流动资产

数据来源：CNRDS 数据库和 CSMAR 数据库。

结构资本指数（SC）＝SC1＋SC2＋SC3＋SC4。

知识资本指数（KC）＝人力资本指数（HC）＋结构资本指数（SC）。

四、控制变量

如表 4-6 所示，本书以企业规模（SIZE）、企业年龄（AGE）及企业成长性（GROWTH）作为控制变量并对其进行测量。企业创新能力与企业经营管理能力、企业成长潜力以及企业成立时间长短有关，大型企业在管理结构上通常展现出更严谨的规范性，这往往意味着它们拥有更强大的盈利能力和更高的发展潜力。创新是持续积累的过程，它依赖于丰富的资源、先进的技术、高素质的人才等，企业规模的扩展和经营年限的增长，必然促进企业掌握的有形及无形资产的不断增长。

表 4-6　控制变量的测量

变量	含义	度量方式
SIZE	企业规模	企业期末资产
AGE	企业年龄	企业成立至观测年的年数
GROWTH	企业成长性	本年度营收增加值/上年度营收

数据来源：CNRDS 数据库和 CSMAR 数据库。

五、样本选择和数据来源

本书以 2018—2022 年为研究区间，以主板上市的高科技公司为研究范畴，从 CNRDS 数据库和 CSMAR 数据库公开的上市公司数据中，筛选出数据完整的 705 家上市公司共 1530 个数据作为研究样本。为保证数据结果的准确性，对样本进行初步处理，剔除了股票前曾出现过 ST 和 *ST[①]标识的企业样本，以及存在特殊情况、数据缺失的企业样本或年份样本，并对极端值做了 1% 的缩尾处理。

第三节　模型构建

研究所需变量汇总，如表 4-7 所示。

[①] ST 代表连续两年亏损，被特别处理的股票；*ST 代表连续三年亏损严重或公司经营存在重大不确定性，资不抵债，随时会停盘下市，具有退市风险的股票。

表 4-7 变量汇总

变量类型	变量名称	变量符号	度量方式
被解释变量	创新绩效	IP	专利申请数量
解释变量	技术创新	TI	研发投入强度＋技术人员强度
中介变量	知识资本	KC	人力资本指数＋结构资本指数
中介变量	价值网络	VN	客户集中度＋供应商集中度
控制变量	企业规模	SIZE	企业期末资产
控制变量	企业年龄	AGE	企业成立至观测年的年数
控制变量	企业成长性	GROWTH	本年度营收增加值／上年度营收

一、直接效应模型

构建回归模型 1，验证假设 H1，即技术创新与创新绩效的关系。

$$IP_{it} = \alpha_0 + \alpha_1 TI_{it} + \alpha_2 CVs + \sum Year + \sum Firm + \varepsilon_{it} \quad \text{式（4-1）}$$

在式（4-1）中，IP_{it} 表示第 i 个企业在 t 年份的创新绩效，TI_{it} 表示第 i 个企业在 t 年份的技术创新，CVs 表示控制变量，$\sum Year$ 表示时间固定效应，$\sum Firm$ 表示个体固定效应，ε_{it} 表示残差项，α_0 和 α 分别表示常数项和每一个变量的回归系数，其中 α_1 表示技术创新的回归系数，若 α_1 显著为正，则表明高科技企业技术创新对创新绩效有显著的正向影响。

二、中介效应检验

构建回归模型2，验证假设 H2，即知识资本、技术创新和创新绩效的关系。

$$KC_{it} = \gamma_0 + \gamma_1 TI_{it} + \gamma_2 CVs + \sum Year + \sum Firm + \varepsilon_{it} \quad 式（4-2）$$

$$IP_{it} = \beta_0 + \beta_1 TI_{it} + \beta_2 KC_{it} + \beta_3 CVs + \sum Year + \sum Firm + \varepsilon_{it} \quad 式（4-3）$$

构建回归模型3，验证假设 H3，即价值网络、技术创新和创新绩效的关系。

$$VN_{it} = \delta_0 + \delta_1 TI_{it} + \delta_2 CVs + \sum Year + \sum Firm + \varepsilon_{it} \quad 式（4-4）$$

$$IP_{it} = \lambda_0 + \lambda_1 TI_{it} + \lambda_2 VN_{it} + \lambda_3 CVs + \sum Year + \sum Firm + \varepsilon_{it} \quad 式（4-5）$$

其中，IP_{it} 表示企业创新绩效，TI_{it} 表示企业技术创新，KC_{it} 表示企业知识资本，VN_{it} 表示价值网络，CVs 表示控制变量，$\sum Year$ 表示时间固定效应，$\sum Firm$ 表示个体固定效应，ε_{it} 表示残差项。

构建回归模型4，验证假设 H4，即知识资本与价值网络在技术创新对创新绩效的影响中的链式中介关系。

$$KC_{it} = \mu_0 + \mu_1 TI_{it} + \mu_2 CV_s + \sum Year + \sum Firm + \varepsilon_{it} \quad 式（4-6）$$

$$VN_{it} = \xi_0 + \xi_1 TI_{it} + \xi_2 KC_{it} + \xi_3 CVs + \sum Year + \sum Firm + \varepsilon_{it} \quad 式（4-7）$$

$$IP_{it} = \sigma_0 + \sigma_1 TI_{it} + \sigma_2 KC_{it} + \sigma_3 VN_{it} + \sigma_4 CVs + \sum Year + \sum Firm + \varepsilon_{it} \quad 式（4-8）$$

其中，IP_{it} 是被解释变量，TI_{it} 是核心解释变量，KC_{it} 和 VN_{it} 表示中介变量，CVs 表示控制变量，$\sum Year$ 表示时间固定效应，$\sum Firm$ 表示个体固定效应，ε_{it} 表示残差项。

第四节 研究方法

一、文献研究法

文献研究法主要指研读相关研究领域的文献成果，通过对研究内容相关信息的收集分析，从而全面地掌握所要研究问题的一种方法。本书在研究过程中，通过查阅相关纸质或电子资料，对高科技企业技术创新、知识资本、价值网络和创新绩效等问题进行相应的理论证据收集，明确相关理论的主要研究内容以及未来可能的研究方向，并对所收集的资料进行梳理，就各个学者所提出的不同观点进行分析研究，进而对变量间的影响机制进行深入探讨。

二、案例研究法

关于高科技企业技术创新、知识资本、价值网络和创新绩效的议题属于新兴的研究领域，鲜有研究探讨，需要借助探索性案例分析来理解本书核心概念的定义与维度，并梳理关于具体作用机制的研究命题，为后续的研究假设提供理论线索。本书选取具有代表性的 3 家企业作为研究对象，对案例进行纵向分析，以指引后续的大样本实证研究。

三、实证分析法

本书的数据分析部分采用 SPSS、AMOS 作为数据分析工具，具体的分析方法有描述性统计分析、相关性分析、诊断性检验、回归分析、结构方程模型分析等。

1. 描述性统计分析

描述性统计主要指通过图和表的形式，更加直观、形象地描述数据的集中趋势或离散程度，以便观察数据的分布特征和相关特性，有利于分析者对数据有个初步的了解，方便进行下一阶段的分析与研究。本书运用描述性统计分析的主要目的是对样本数据进行总体情况分析，其中分析内容主要包括调查对象的成立年限、企业规模、企业所属行业、创新产出、人力资源结构、客户集中度、供应商集中度等方面的情况。

2. 相关性分析

相关性主要指变量之间的紧密程度如何，是否具有某种内在联系。在相关性分析中，本书主要采用 Pearson 相关系数进行判断。Pearson 相关系数处于 $-1 \sim 1$ 之间，可以是此范围内的任何值，相关系数绝对值越接近 1，表示两变量的关联程度越强，相关系数的绝对值越接近 0，表示两变量的关联程度越弱。当相关系数大于 0 时，表示两变量之间呈正相关关系，此时一个变量随另一个变量的增加而增加；当相关系数小于 0 时，表示两变量之间呈负相关关系，此时一个变量随另一个变量的增加而减少。

3. 诊断性检验

诊断性检验包括多重共线性检验、豪斯曼检验和 F 检验。为了确保模型的准确性，需要判断解释变量是否存在多重共线性，一般方差膨胀因子（VIF）越大，说明变量间的共线性问题越严重，当 $0 < VIF < 10$ 时，则说明变量间不存在多重共线性。使用豪斯曼检验，主要是判断假设检验过程应当采用固定效应模型还是随机效应模型。对模型进行 F 检验，主要是判断应当选用混合回归模型还是固定效应模型，若是后者，还要判断是属于个体固定效应还是时间固定效应模型。

4. 回归分析

本书进行多元回归分析的主要目的是分析自变量、中介变量分别对因变量的影响程度。根据回归分析结果，建立不同的回归模型，再通过比较两个回归模型之间的解释贡献率是否增加或减少，来判断模型的拟合程度。如果一个回归模型的解释贡献值增加，则表明该模型的拟合效果更好。

5. 结构方程模型分析

结构方程模型分析是一种应用广泛的数据分析方式，当数据模型建立完成后，可以一次性验证所有变量间的直接关系或间接关系，并对模型的整体拟合情况进行验证。在探索性因子分析的基础上，本书将使用软件进一步对变量做验证性因子分析，通过数据与测量模型的拟合分析来检验各观测变量的因子结构与先前的构想是否相符。

为了保证基于拟合效果良好的模型来对理论假设进行验证，必须选取至少两个参数标准。本书综合运用绝对拟合指数与相对拟合指数进行模型评价，选取 x^2/df、RMSEA、TLI 和 CFI 四类被广为认可和应用的指标作为评价模型的拟合指数，具体判别标准如下。

x^2/df，即卡方（x^2）对自由度（df）的比值，是一种基于拟合函数的绝对拟合指数。它会调节模型的复杂程度，能比较恰当地选择一个参数不过于多的模型，弥补了卡方检验往往反映不出错误的设定，倾向于接纳比较复杂模型的缺点。一般认为，若 $2 < x^2/df < 5$，则表明模型可以接受；若 $x^2/df \leq 2$，则表明模型拟合得非常好。

RMSEA，即近似误差均方根，其受样本容量的影响较小，是较好的绝对拟合指数。RMSEA 越接近于 0，则表明模型拟合越好。RMSEA 低于 0.1，表示拟合得好；RMSEA 低于 0.05，表示拟合得非常好；RMSEA 低于 0.01，则表示拟合得非常出色（但这种情形应用上几乎遇不到）。

TLI，即 Tucker-Lewis 指数，是一种在新近的拟合指数研究中较为推崇的相对拟合指数，通常数值在 0~1 之间。一般认为，若 TLI $\geq$ 0.9，则表明模型可接受；TLI 越接近于 1，表明模型拟合程度越好。

CFI，即比较拟合指数，它不受样本容量的系统影响，能比较敏感地反映模型的变化，是比较理想的相对拟合指数，其值位于 0~1 之间。若 CFI $\geq$ 0.9，则表明模型可接受；CFI 越接近于 1，表明模型拟合程度越好。

● 本章小结

本章主要介绍了研究所需变量的定义、有关变量度量模式的相关研究，以及在本书中技术创新、知识资本、价值网络和创新绩效的具体度量方式，在本书中，核心概念的度量均使用 CNRDS 数据库和 CSMAR 数据库公开的上市公司数据。在确定了变量的度量方式后，构建直接效应模型和中介效应模型作为后续假设检验的理论基础，然后介绍了假设检验需要用到的方法，包括描述性统计分析、相关性分析、诊断性检验、多元回归分析和结构方程模型分析等。

第五章

实证分析

第五章 实证分析

本章从 CNRDS 数据库和 CSMAR 数据库中获取了公开的上市公司数据，根据技术创新、知识资本、价值网络和创新绩效等相关变量的性质、假设验证以及研究模型的需要，采用统计软件 STATA 和 AMOS 进行数据分析和假设验证。

第一节 样本基本情况描述

第一，从样本结构来看，本书共获取了来自 27 个省（直辖市、自治区）的高科技上市企业数据，获得有效数据 1530 组，样本企业主要来自江苏、广东、上海、浙江、北京等地区，均为我国经济发展较好、科技企业密集的地区，如图 5-1 所示。

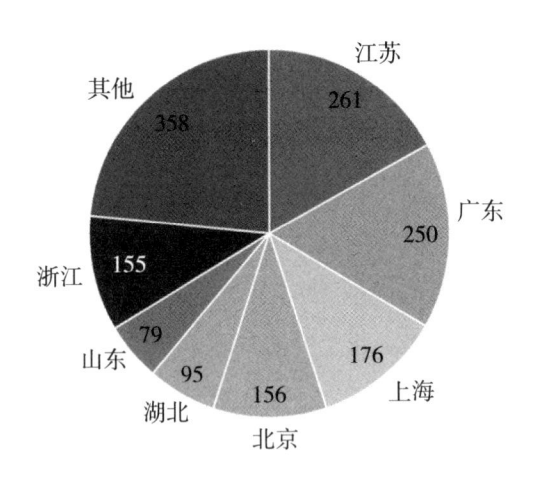

图 5-1 调查对象来源

第二，从企业创新绩效来看，将每一年度高科技上市企业已获得的专利数量取平均值，由于 2016 年、2017 年的有效数据较少，因此主要计算 2018—2021 年的高科技上市企业创新绩效数据。如图 5-2 所示，2018—2021 年，我国高科技上市企业的创新绩效逐年优化，2019 年和 2020 年高科技上市企业的创新产出增长迅猛，创新能力实现飞跃，到 2021 年，高科技上市企业创新产出增速放缓，一方面是 2021 年的样本数量较多（574 组），远高于 2020 年的样本数量（473 组），另一方面是受到了经济社会环境变化以及其他不可抗力的影响，但我国高科技上市企业创新能力逐渐增强的趋势仍然没有改变。

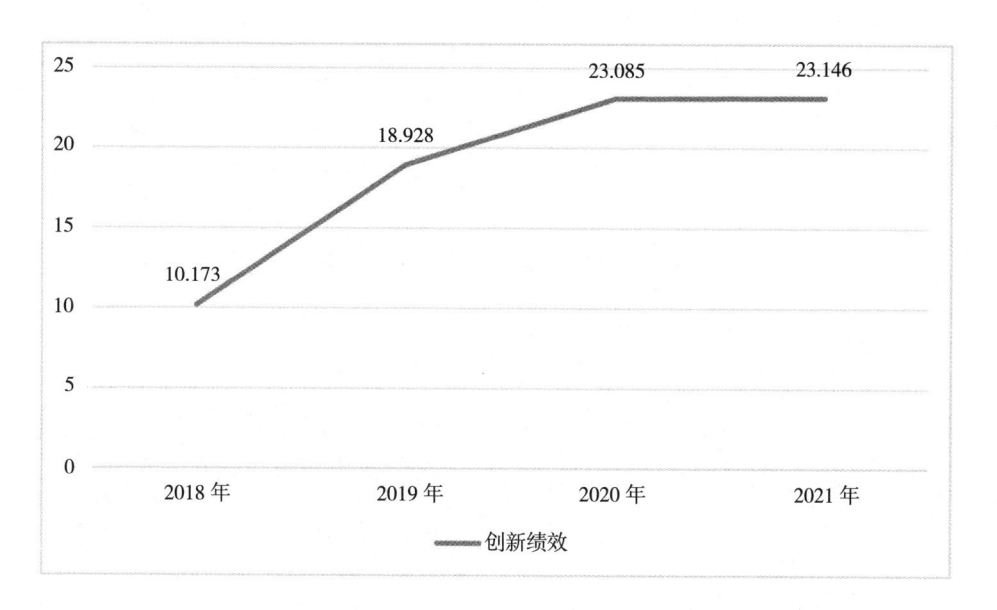

图 5-2 2018—2021 年高科技上市企业创新绩效变化

第三，从企业的知识资本情况来看，将每一年度高科技上市企业的本科及以上学历员工占比取平均值，能够较好地体现企业员工人力资本结构、人员综合素质情况。如图 5-3 所示，2018—2021 年，高科技上市企业的本科及以上学历员工占比逐年提升，且变化趋势与企业创新绩效情况基本一致，表明 2018—2021 年高科技上市企业的知识资本情况在不断优化。

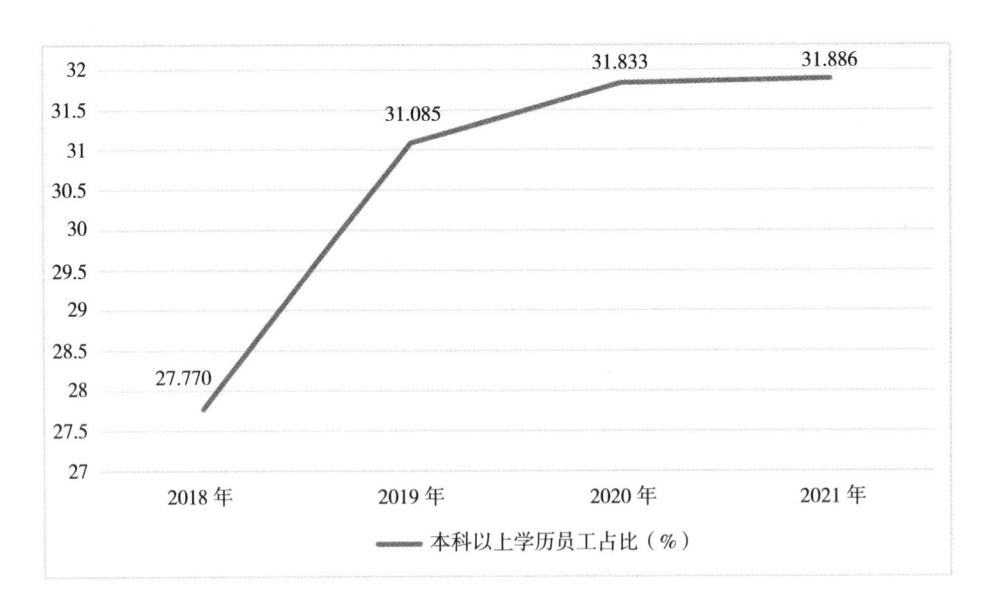

图 5-3 2018—2021 年高科技上市企业知识资本变化

第二节 变量描述性统计分析

本书的描述性统计结果如表 5-1 所示。由于样本数量较大，不同样本的量纲存在较大的差异，因此在统计分析之前，需要对部分数据进行处理，使不同样本的量纲尽量接近。对于被解释变量，本书涉及的高科技企业创新绩效（IP）的最小值为 0，最大值为 7.09，均值为 3.8443，标准偏差为 1.29832，这表明高科技上市企业的创新绩效水平差异较大；对于核心解释变量，技术创新（TI）的最小值为 0.03，最大值为 1.11，均值为 0.3251，标准偏差为 0.22587，这表明大部分企业的技术创新水平较低，少数企业拥有较高的技术创新水平；对于中介变量，知识资本（KC）的最小值为 0.04，最大值为 3.22，均值为 0.5054，标准偏差为 0.28579，这表明大多数企业的知识资本差距较小，数据集中在较好的水平，有部分企业拥有丰富的知识资本；价值网络（VN）的最小值为 0.11，最大值为 1.83，均值为 0.7275，标准偏差为 0.34030，这表明不同企业的价值网络情况差异较大。

表 5-1 描述性统计结果

变量名称	变量符号	样本数量	最小值	最大值	均值	标准偏差
创新绩效	IP	1530	0	7.09	3.8443	1.29832
技术创新	TI	1530	0.03	1.11	0.3251	0.22587
知识资本	KC	1530	0.04	3.22	0.5054	0.28579
价值网络	VN	1530	0.11	1.83	0.7275	0.34030
企业规模	SIZE	1530	0.36	426.83	9.9962	26.76530
企业年龄	AGE	1530	5	64	19.3400	6.03400
企业成长性	GROWTH	1530	−0.69	944.10	1.3220	28.00843

第三节　相关性分析

为了初步分析变量之间的线性关系，本书对所有 7 个变量进行了相关性分析，分析结果如表 5-2 所示。可以看出，技术创新与创新绩效之间的关系较强，知识资本、价值网络与创新绩效的相关性也处于 1% 的显著水平。解释变量、被解释变量、中介变量两两之间的相关性均显著，因此可以进行下一步的假设检验。

表5-2 相关性分析结果

变量	IP	TI	KC	VN	SIZE	AGE	GROWTH
IP	1						
TI	0.012***	1					
KC	0.018***	0.641***	1				
VN	0.160***	0.258***	0.180***	1			
SIZE	0.395***	−0.154***	−0.027	−0.137***	1		
AGE	0.076***	−0.304***	−0.165***	−0.251***	0.104***	1	
GROWTH	−0.039	0.069***	0.035	0.082***	−0.011	−0.020	1

第四节 诊断性检验

一、多重共线性检验

为了确保模型的准确性，需要判断解释变量是否存在多重共线性。一般来说，方差膨胀因子（VIF）越大，说明变量间的共线性问题越严重，当 0 < VIF < 10 时，则说明变量间不存在多重共线性。检验结果如表5-3所示，可以看出，所有变量的方差膨胀因子（VIF）均小于10，容差（1/VIF）均大于0并小于1，在可接受的区间内，从而可以判断，变

量间不存在严重的多重共线性问题。

表 5-3 多重共线性检验结果

变量	VIF	1/VIF
TI	1.14	0.874382
AGE	1.12	0.890462
SIZE	1.09	0.914789
GROWTH	1.01	0.986079
Mean VIF	\multicolumn{2}{c}{1.09}

二、豪斯曼检验

本书采用豪斯曼检验，来判断假设检验过程应当采用固定效应模型还是随机效应模型，结果如表 5-4 所示，P 值= 0.000，因此应采用固定效应模型。

表 5-4 豪斯曼检验结果

变量	FE	RE	Difference
SIZE	42.81344	106.6208	−63.80732
GROWTH	−1.125108	−0.5741786	−0.5509291
AGE	188.5912	20.81656	0.4412822
TI	1.29167	0.850388	0.4412822
P 值	\multicolumn{3}{c}{0.000}

三、F 检验

为了判断是选用混合回归模型还是固定效应模型,本书对模型进行 F 检验。结果显示,P = 0.0000,因此应当选择固定效应模型。随后,又通过 F 检验来验证模型是属于个体固定效应还是时间固定效应模型,结果显示,P = 0.0000,说明模型存在双向固定效应。

第五节 回归分析

一、总效应模型回归

模型 1 回归结果,如表 5-5 所示。

表 5-5 模型 1 回归结果

变量	IP
TI	1.309***
SIZE	0.019***
AGE	0.299
GROWTH	0.001*
Constant	−2.944**

续表

变量	IP
Observations	1530
Number of id	705
R-squared	0.2279
Company FE	Yes
Year FE	Yes

在控制了企业规模、企业年龄和企业成长性后，技术创新的回归系数为1.309，在1%的水平下显著为正，这说明技术创新正向影响企业的创新绩效，假设H1成立。

二、中介效应模型

1. 知识资本

模型2的回归结果，如表5-6所示。

表5-6 模型2回归结果

变量	KC	IP
KC		0.506**
TI	0.052**	1.403***
SIZE	0.013*	0.019***
AGE	−0.026	0.301*
GROWTH	0.011*	0.001

续表

变量	KC	IP
Constant	0.573**	−3.233**
Observations	1530	1530
Number of id	705	705
R-squared	0.1549	0.2046
Company FE	Yes	Yes
Year FE	Yes	Yes

在第 2 列中，技术创新的回归系数为 0.052，在 1% 的水平下显著为正，这表明技术创新能够提升企业的知识资本，假设 H2a 成立。

在第 3 列中，知识资本的回归系数为 0.506，在 5% 的水平下显著为正，这表明知识资本与创新绩效呈正相关关系，假设 H2b 成立。技术创新的回归系数为 1.403，在 1% 的水平下显著为正，同时 1.403 大于模型 1 中技术创新的回归系数 1.309，这表明知识资本在技术创新对创新绩效的影响中起到正向中介作用，假设 H2 成立。

2. 价值网络

模型 3 回归结果，如表 5-7 所示。

表 5-7 模型 3 回归结果

变量	VN	IP
VN		0.034**
TI	0.172**	1.392***

续表

变量	VN	IP
SIZE	0.002*	0.019***
AGE	0.013	0.299**
GROWTH	−0.006	0.001
Constant	0.327*	−2.955*
Observations	1530	1530
Number of id	705	705
R-squared	0.1171	0.2015
Company FE	Yes	Yes
Year FE	Yes	Yes

在第2列中，技术创新的回归系数为0.172，在1%的水平下显著为正，这表明技术创新正向影响企业价值网络，假设H3a成立。

在第3列中，价值网络的回归系数为0.034，在5%的水平下显著为正，这表明价值网络正向影响企业创新绩效，假设H3b成立。技术创新的回归系数为1.392，在1%的水平下显著为正，同时1.392大于模型1中技术创新的回归系数1.309，这表明价值网络在技术创新对创新绩效的影响中起到正向中介作用，假设H3成立。

3. 链式中介效应检验

模型4回归结果，如表5-8所示。

表 5-8 模型 4 回归结果

变量	KC	VN	IP
TI	0.052**		1.504***
KC		0.398***	0.509**
VN			0.037**
SIZE	0.013*	0.002*	0.019***
AGE	−0.026	0.014	0.301**
GROWTH	0.011*	−0.001	−0.001
Constant	0.573**	0.099*	−3.232*
Observations	1530	1530	1530
Number of id	705	705	705
R-squared	0.1549	0.1434	0.2046
Company FE	Yes	Yes	Yes
Year FE	Yes	Yes	Yes

本书对知识资本和价值网络的链式中介效应进行检验。首先检验解释变量对第一个中介变量的影响；其次检验第一个中介变量对第二个中介变量的影响；最后检验解释变量、第一个中介变量、第二个中介变量对被解释变量的影响。在第 2 列中，可以看出解释变量技术创新对第一个中介变量知识资本有正向影响；在第 3 列中，第一个中介变量知识资本的回归系数为 0.398，在 1% 的水平下显著为正，这表明知识资本对第二个中介变量价值网络有显著正向影响，假设 H4a 成立；在第 4 列中，将解释变量、两个中介变量同时加入回归模型，解释变量技术创新的回

归系数为 1.504，在 1% 的水平下显著为正，且 1.504 大于模型 2 中仅将知识资本作为中介变量的 1.403 和模型 3 中仅将价值网络作为中介变量的 1.392，这表明知识资本和价值网络在技术创新对创新绩效的影响中起到链式中介作用，假设 H4 成立。

第六节　结构方程模型分析

一、模型设定

本书运用结构方程模型进行假设验证，分为直接效应检验和中介效应检验两部分。利用 AMOS 26 软件，本书将验证技术创新、知识资本、价值网络和创新绩效四个变量组成的模型的拟合情况。

本书建立的结构方程模型如图 5-4 所示。其中，潜变量包括技术创新（TI）、知识资本（KC）、价值网络（VN），创新绩效（IP）为显变量，与本书的变量指标体系一致；技术创新包括研发投入强度（RI）和技术人员强度（TE）两个显变量，知识资本包括人力资本（HC）和结构资本（SC）两个显变量，价值网络包括客户集中度（CC）和供应商集中度（SP）两个显变量。显变量与潜变量共同组成了结构方程模型。

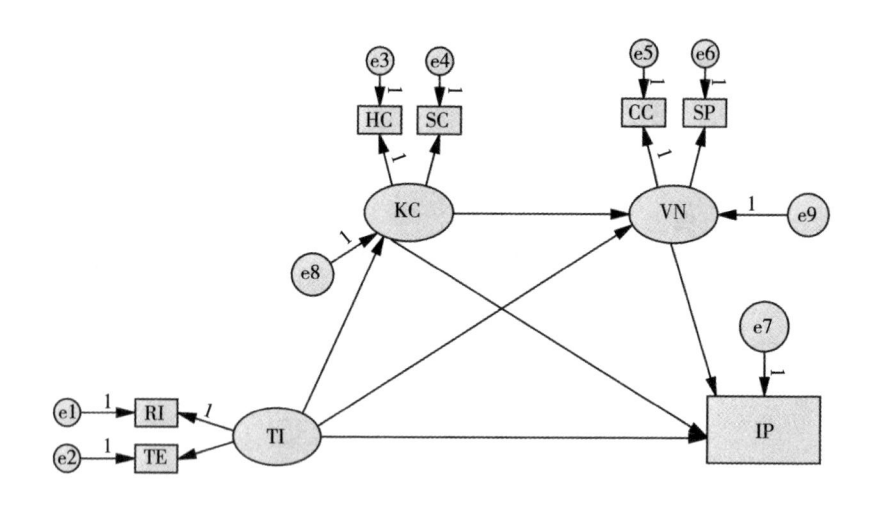

图 5-4 结构方程模型图

二、直接效应检验

运用 AMOS 26 软件将模型进行拟合，理论模型的适配度结果如表 5-9 所示。

表 5-9 结构方程模型适配度结果

指标	参考标准	运行结果
CMIN/DF	1~3，优秀；3~5，良好	2.689
RMSEA	小于0.05，优秀；0.05~0.08，良好	0.059
NFI	大于0.9，优秀；0.8~0.9，良好	0.891
TLI	大于0.9，优秀；0.8~0.9，良好	0.855
CFI	大于0.9，优秀；0.8~0.9，良好	0.895

根据模型拟合的参考标准，本书所建模型的 CMIN/DF 值为 2.689，在 1~3 之间，表明模型适配情况优秀；RMSEA 值为 0.059，在 0.05~0.08 之间，表明模型适配情况良好；NFI 值为 0.891，在 0.8~0.9 之间，表明模型适配情况良好；TLI 值为 0.855，在 0.8~0.9 之间，表明模型适配情况良好；CFI 值为 0.895，在 0.8~0.9 之间，表明模型适配情况良好。可以看出，模型的各个指标都较好，说明模型整体拟合情况较好，模型设计合理。

模型输出结果和路径系数结果，如表 5-10 所示。

表 5-10 结构方程模型输出结果和路径系数结果

路径	标准化系数	标准误差	C.R.	P 值
知识资本←技术创新	0.507	0.035	14.486	***
价值网络←知识资本	0.117	0.055	2.144	***
价值网络←技术创新	0.018	0.004	4.615	***
研发投入强度←技术创新	0.677			
技术人员强度←技术创新	0.436			
人力资本←知识资本	0.884			
结构资本←知识资本	0.926			
客户集中度←价值网络	0.888			
供应商集中度←价值网络	0.904			
创新绩效←技术创新	0.437	0.022	19.864	***
创新绩效←知识资本	0.204	0.035	5.829	***
创新绩效←价值网络	0.182	0.071	2.563	***

1. 技术创新和创新绩效的关系

假设 H1 为高科技企业技术创新对创新绩效有显著的正向影响，从表 5-10 中可以看出，技术创新和创新绩效的标准化系数为 0.437，在 0.001 的置信水平下显著，可以说明技术创新对创新绩效有正向影响，且技术创新变化每 1 个单位可以引起创新绩效同向变化 0.437 个单位，假设 H1 得到验证。

2. 技术创新和知识资本的关系

假设 H2a 为高科技企业技术创新对知识资本有显著的正向影响。从表 5-10 中可以看出，技术创新和知识资本的标准化系数为 0.507，在 0.001 的置信水平下显著，可以说明技术创新对知识资本有正向影响，且技术创新每变化 1 个单位可以引起知识资本同向变化 0.507 个单位，假设 H2a 得到验证。

3. 知识资本和创新绩效的关系

假设 H2b 为高科技企业知识资本对创新绩效有显著的正向影响。从表 5-10 中可以看出，知识资本和创新绩效的标准化系数为 0.204，在 0.005 的置信水平下显著，可以说明知识资本对创新绩效有正向影响，且知识资本每变化 1 个单位可以引起创新绩效同向变化 0.204 个单位，假设 H2b 得到验证。

4. 技术创新和价值网络的关系

假设 H3a 为高科技企业技术创新对价值网络有显著的正向影响。从表 5-10 中可以看出，技术创新和价值网络的标准化系数为 0.018，在

0.001 的置信水平下显著,可以说明技术创新对价值网络有正向影响,且技术创新每变化 1 个单位可以引起价值网络同向变化 0.018 个单位,假设 H3a 得到验证。

5. 价值网络和创新绩效的关系

假设 H3b 为高科技企业价值网络对创新绩效有显著的正向影响。从表 5-10 中可以看出,价值网络和创新绩效的标准化系数为 0.182,在 0.001 的置信水平下显著,可以说明价值网络对创新绩效有正向影响,且价值网络变化每 1 个单位可以引起创新绩效同向变化 0.182 个单位,假设 H3b 得到验证。

6. 知识资本和价值网络的关系

假设 H4a 为高科技企业知识资本对价值网络有显著的正向影响。从表 5-10 中可以看出,知识资本和价值网络的标准化系数为 0.117,在 0.001 的置信水平下显著,可以说明知识资本对价值网络有正向影响,且知识资本每变化 1 个单位可以引起价值网络同向变化 0.117 个单位,假设 H4a 得到验证。

三、中介效应检验

为了验证技术创新、知识资本、价值网络和创新绩效之间的链式中介效应,上一节使用 STATA 对变量的中介效应进行了层次回归分析,这样的判断方式可以对模型进行验证,但存在一定的精度问题。为了更加精确地验证变量的中介效应,本书在结构方程模型的基础上,使用 AMOS

26 的 Bootstrap 法随机抽样 1000 次进行检验，结果如表 5-11 所示。知识资本的中介效应、价值网络的中介效应和链式中介效应的 95% 置信区间均不包含 0，说明中介效应成立。其中，三条中介效应路径的总间接效应是 0.3092，"技术创新 – 知识资本 – 创新绩效" 路径的间接效应值是 0.2108，在 5% 的水平下显著，占总间接效应的比例为 68.18%；"技术创新 – 价值网络 – 创新绩效" 路径的间接效应值为 0.0944，在 5% 的水平下显著，占总间接效应的比例为 30.53%；链式中介效应路径的间接效应值为 0.0040，在 5% 的水平下显著，占总间接效应的比例为 1.29%。结果表明，假设 H2、H3、H4 成立，且在技术创新对创新绩效的影响中，知识资本的中介作用最大，价值网络的中介效应其次，链式中介作用最弱。

表 5-11 中介效应检验

中介效应类型	中介效应值	标准差	Z 值	P > |z|	95% 置信区间 上限	95% 置信区间 下限
TI–KC–IP	0.2108**	0.1282	1.67	0.005	0.0374	0.4651
TI–VN–IP	0.0944**	0.0310	3.05	0.02	0.0337	0.1550
TI–KC–VN–IP	0.0040**	0.0004	2.36	0.018	0.0002	0.0018

第七节　异质性分析

在上述研究的基础上，本书根据企业所在地区、企业规模对技术创新、知识资本和价值网络对创新绩效的影响效果进行异质性分析。

一、企业所在地区异质性分析

根据企业所在地区，将研究样本分为东部地区、中部地区和西部地区组，然后将分组后的数据带入模型4中进行分析，回归结果如表5-12所示。

表 5-12 企业所在地区异质性回归结果

变量	东部地区 IP	中部地区 IP	西部地区 IP
TI	1.627***	1.551***	1.306***
KC	0.560***	0.507**	0.489*
VN	0.030*	0.040**	0.041***
SIZE	0.019***	0.018***	0.019***
AGE	0.303**	0.299**	0.301**
GROWTH	−0.001	−0.001	−0.001
Constant	−3.160*	−3.669*	−3.523*
Observations	1025	316	189
R-squared	0.2162	0.2089	0.2003
Company FE	Yes	Yes	Yes
Year FE	Yes	Yes	Yes

在表5-12中，第2列为东部地区企业的回归结果，第3列为中部地区企业的回归结果，第4列为西部地区企业的回归结果，结果表明，技

术创新、知识资本和价值网络对创新绩效的影响没有因企业所在地区的差异有明显的不同，东部地区、西部地区和中部地区的高科技企业的技术创新、知识资本和价值网络均对创新绩效有显著的正向影响。

二、企业规模异质性分析

根据企业规模，将研究样本分为大型企业和中小型企业组，然后将分组后的数据带入模型4中进行分析，回归结果如表5-13所示。

表5-13 企业规模异质性回归结果

变量	大型企业 IP	中小型企业 IP
TI	1.520***	1.494**
KC	0.567**	0.463*
VN	0.056*	0.038*
AGE	0.303**	0.299**
GROWTH	−0.001	−0.001
Constant	−3.305*	−4.023*
Observations	1230	300
R-squared	0.1852	0.1745
Company FE	Yes	Yes
Year FE	Yes	Yes

在表 5-13 中，第 2 列为大型企业的回归结果，第 3 列为中小型企业的回归结果，结果表明，技术创新、知识资本和价值网络对创新绩效的影响没有因企业规模的差异有明显的不同，大型企业和中小型企业的高科技企业的技术创新、知识资本和价值网络均对创新绩效有显著的正向影响。

第八节 稳健性检验

一、替换创新绩效的指标

本书使用专利申请数量作为创新绩效的衡量指标，考虑到专利申请只是企业的一种创新活动，并不能完美地反映申请的专利是否有效、是否得到授权的结果，因此将创新绩效的衡量指标替换为专利授权数量，并进行回归分析，结果如表 5-14 所示。可以发现，技术创新、知识资本和价值网络的回归系数显著为正，这表明技术创新、知识资本和价值网络对创新绩效具有显著的正向影响，这一结论与假设检验结果一致，表明模型稳健有效，可信度较高。

表 5-14 替换创新绩效指标后的回归结果

变量	专利授权数量
TI	1.825**
KC	0.572**
VN	0.022**
SIZE	0.016***
AGE	0.310***
GROWTH	−0.001
Constant	−2.633*
Observations	1530
Number of id	705
R-squared	0.2011
Company FE	Yes
Year FE	Yes

二、缩尾处理

考虑到被解释变量创新绩效可能存在一定的极值问题，影响模型的运行结果，因此本书对其进行1%的缩尾处理，并进行回归分析，结果如表5-15所示。可以发现，技术创新、知识资本和价值网络的回归系数显著为正，这表明技术创新、知识资本和价值网络对创新绩效具有显著的正向影响，这一结论与假设检验结果一致，表明模型稳健有效，可信度较高。

表 5-15 缩尾处理后的回归结果

变量	专利授权数量
TI	1.501***
KC	0.498***
VN	0.042***
SIZE	0.021***
AGE	0.302***
GROWTH	−0.001
Constant	−3.009*
Observations	1530
Number of id	705
R-squared	0.2137
Company FE	Yes
Year FE	Yes

第九节　检验结果汇总

通过相关性分析、描述性统计分析、面板数据回归分析和 Bootstrap 中介效应分析，可以得到不同变量关系的假设检验结果，如表 5-16 所示。

表 5-16 假设检验结果汇总

假设编号	假设	检验结果
H1	高科技企业技术创新对创新绩效有显著的正向影响	成立
H2	知识资本在高科技企业技术创新对创新绩效的影响中起到中介作用	成立
H2a	高科技企业技术创新对知识资本有显著的正向影响	成立
H2b	高科技企业知识资本对创新绩效有显著的正向影响	成立
H3	价值网络在高科技企业技术创新对创新绩效的影响中起到中介作用	成立
H3a	高科技企业技术创新对价值网络有显著的正向影响	成立
H3b	高科技企业价值网络对创新绩效有显著的正向影响	成立
H4	知识资本和价值网络在高科技企业技术创新对创新绩效的影响中起到链式中介作用，即高科技企业通过技术创新，提高了企业的知识资本进而完善了价值网络，最终提高了创新绩效	成立
H4a	高科技企业知识资本对价值网络有显著的正向影响	成立

● 本章小结

本章对前面提出的 9 个假设进行了实证检验。首先，对被调查的企业进行描述性统计分析；其次，对变量进行相关性检验和诊断性检验，确认数据有效，可以选用双向固定效应模型进行回归分析；再次，对提出的假设（直接效应和中介效应）进行回归分析，验证 9 个假设全部成立；然后，为了提高整个过程的严谨性和科学性，加深数据分析的说服力，使用结构方程模型对研究模型进行检验，分析变量之间的详细作用机制，对研究模型进行异质性分析，结果表明，技术创新、知识资本和价值网络对创新绩效的正向影响不会因企业所在地区以及企业规模的不同产生显著的差异；最后，分别将创新绩效的衡量指标替换为专利授权数量、将创新绩效数据进行缩尾处理，并对模型进行稳健性检验，稳健性检验结果与假设检验结果一致，表明模型稳健有效，可信度较高。

第六章

策略与建议

第一节　高科技企业创新能力发展模式

本节将高科技企业分为初创企业/小型企业、成长期企业/具有一定规模的企业、成熟企业/大型企业，并针对不同类型的企业提出相应的创新能力发展模式建议，如图6-1所示。

图 6-1　不同类型科技企业的创新能力发展模式

一、初创企业/小型企业

初创企业/小型企业应该采用以人力资本为先导的利用式创新模式。在这个阶段，大部分初创企业/小型企业都是采用比较简单的组织结构和管理方式来推动企业进入新市场。创业者是企业的核心，其知识资本主要集中在自身的认知、经验和技能等方面，其他各类知识资本还停留在原始积累阶段。如果可以对国家政策、市场机遇、用户需要等方面有敏锐的认识和精准的分析，适时地开拓和抢占利基市场，就能为公司的发展打下坚实的基础。但是，初创企业/小型企业的技术水平相对较弱，其产品的研发以技术模仿为主，还未能被市场所认同。此外，公司的组织架构、规章制度多数还没有建立起来，与各个利益相关者之间的关系也不稳固。尽管这一时期的企业是富有朝气、冒险精神和创造力的，但是面临不确定的外部环境，其获得资源的能力有限，企业要想获得未来的发展机会，首先必须在竞争中生存下去，如果企业家不能很好地应对所遇到的问题，最终就会走向失败。所以，初创企业/小型企业要想生存下去，走一条可持续发展的道路是最好的选择。利用式创新模式更具弹性，有利于公司未来发展策略的调整，能够为未来的发展打下良好的资源基础，从而让公司获得更大的发展空间。

二、成长期企业/具有一定规模的企业

处于成长期或已具有一定规模的企业，其知识资本的各个成分都得到了加强，主要成分逐渐从人力资本向技术资本转化。企业的发展模式从以模仿为主转变为注重学习吸收，通过技术创新与自主研发，使技术资本持续地成为公司发展的主要动力。人力资本在企业发展中仍然扮演着举足轻重的角色，这一时期对人才的要求将更加全面、复杂，特别是在技术创新与战略制定中起着关键作用的技术与管理人才。

这一阶段的企业已逐渐融入价值网络，商业合作的范围随之不断扩大，企业也会因为自身的优势产品和服务而在市场中建立起一定的品牌意识，从而赢得一大批忠实的用户。同时，公司的组织结构和业务流程

得到了改善，经营效率得到了进一步的提升，在组织内也逐步形成了一种共同的价值观念，职工的凝聚力得到了加强。企业通过知识资本的累积，逐步形成了自己特有的竞争优势，从而实现了企业规模、利润、市场份额的增长。但是，随着行业的高速发展和用户需求的不断变化，企业面临越来越激烈的市场竞争。为抓住增长红利期，形成规模经济，企业日益重视提高效率，力图打破路径依赖，寻求增长突破。这一点体现在企业既注重物质资本的积累，又注重对无形资产的经营方面。企业要想获得可持续的竞争优势，就必须在模仿与开发中寻求一种平衡。这一类型的技术公司网络规模较小，通常依靠于某一家大型企业用户，缺乏大量的异质性、弱连接的合作伙伴，同时，这样的网络结构也难以适应快速变化的环境。在当前全球经济大环境下，探索式创新对于企业掌握新的科技和商机，是非常有帮助的。为此，成长期企业/具有一定规模的企业需要衡量其对价值网络的适应能力，有策略地进行选择和融合，从而不仅可以依靠与少数核心伙伴的长期、多元、信任关系进行利用性创新，还可以通过与大量边缘、多元、弱连接的伙伴合作进行新知识的发掘。通过学习新的做法和开发新的市场，在探索和利用之间获得一种平衡，既能迅速有效地解决眼前的问题，又能应对将来的挑战，从而获得持久的竞争优势。

三、成熟企业/大型企业

企业进入成熟期后，市场份额趋于饱和，发展速度逐渐平稳，知识资本的各个维度都发育良好。企业拥有庞大的人才队伍，知识、经验和技能健全，为产品研发提供了良好的支撑。同时，企业的组织结构、规章制度等与发展战略越来越匹配，为技术创新提供了高效的环境条件，经营活动的顺利开展将更多地依赖于结构资本的保障，因此，结构资本可能在这个阶段发挥最大的作用。此外，企业已积累了不少忠诚用户，与其他利益相关者也形成了较为长远、稳定的合作关系。为了巩固自己的市场地位，企业会投入较高的费用进行产品推广，进一步挖掘潜在的用户群体，因此该阶段企业的关系资本也具有较强的核心竞争力。但值得注意的是，随着规模的扩大，企业会渐趋保守，组织制度僵化，员工工作积极性下降，学习能力和创新意识日益减弱，知识资本无法发挥应有的作用，进一步地，企业的技术水平开始落后，产品或服务因缺乏创新而被替代，导致市场份额缩减、盈利能力下降，企业可能面临被兼并或破产的风险。此时，企业一般呈现出两种演化方式，即成长和衰退。为了实现蜕变，企业要主动寻求新的利润增长点，开发有竞争力的新业务。其首要目标是借助资源整合、组织变革实现高层次发展。价值网络给企业带来技术学习机会的同时，也可能导致企业锁定在低附加值轨道，甚至有被边缘化的风险。网络嵌入存在一个最佳点，若嵌入不足则不能获得最佳绩效，因此，企业要获得自主创新能力的持续提升，必须以恰当的方式嵌入行业领军企业主导的价值网络中。实证研究结果表明，企业在融入价值网络时要尽可能地提高其中心度，获取更多的网络优质资源，来提升自身的组织学习水平和创新能力。当前我国很多企业都是价值网络中低层级的节点企业，位置中心度偏低，甚至处于网络边缘位置，难以直接从价值网络中心企业的知识转移中获益，因此未来应通过各种途径提升网络位置中心度，从低层级供应商向高层级供应商升级直至构建以自身为核心的价值网络。

第二节　高科技企业创新绩效提升路径

一、通过技术创新直接驱动企业创新绩效的提升

企业通过不断地投入研发资金，探寻新的发展活力点，通过采用最新的生产流程、生产方式，调整企业的组织结构、管理模式，可以说，企业在技术创新方面的所有投入都有利于提升创新绩效。

技术创新不仅仅是指引入新的生产工艺和设备，也包括企业经营管理方式的创新。比如，通过数据分析和人工智能技术，企业可以更加精准地了解市场需求，制定更科学的营销策略。同时，利用云计算和物联网技术，企业可以实现生产、管理和销售全流程的数字化，提升效率，降低成本。此外，技术创新也可以帮助企业实现生态环保。比如在生产过程中，通过引入清洁能源和高效节能设备，企业可以减少对环境的污染，降低能耗，降低企业的环保成本。这不仅有利于企业的可持续发展，也符合社会的可持续发展理念。

在探索式创新和利用式创新之间取得平衡对企业创新能力的提升至关重要。探索式创新注重企业跨界融合、跳出传统思维框架，以开放式创新方式探索新的商业模式和产品方向；利用式创新则更侧重对已有资源和技术的充分利用，通过改进和优化现有产品或服务来提升竞争力。两者的结合可以使企业在创新过程中既保持前瞻性和创造力，又能够有效地将创新成果转化为商业价值。在实践中，企业可以通过建立创新体

系和机制来实现探索式创新和利用式创新的平衡。首先，企业需要设立专门的创新团队或实验室，专注于技术研发、市场调研和新业务探索，以推动探索式创新。同时，企业也可以加强与外部合作伙伴的合作，借助外部创新资源和技术来开拓新的市场和业务领域。其次，在利用式创新方面，企业需要优化内部流程和资源配置，建立完善的研发、生产和营销体系，以加速产品推出和市场应用。然而，企业在平衡两者的关系时也面临挑战。一方面，探索式创新可能涉及高风险和不确定性，需要企业具备足够的创新预算和资源支持；另一方面，利用式创新可能陷入"墨守成规"的困境，导致企业缺乏变革和创新精神。因此，企业需要在创新战略制定和执行中灵活运用探索式和利用式两种创新方法，并根据市场需求和内部资源灵活调整创新方向和重点，以实现持续的创新能力提升和商业成功。

二、通过知识资本直接驱动企业创新绩效的提升

知识资本是一种抽象的企业生产要素，这种生产要素可以作用于企业的生产运营环节，优化资金、劳动力等有形生产要素的配置，使企业各个部门、各个生产环节的有形生产要素流动至平衡状态，提升企业研发创新活动的效率。

知识资本的积累是一个关乎企业长期发展的重要问题，企业一是可以通过建立健全的知识管理体系来积累知识资本，包括建立知识库、制定知识分享机制、培训员工等，将企业员工的知识和经验进行有效的整合和传承；二是可以通过开展技术研发和创新活动来积累知识资本，包括不断投入研发资源、跟踪行业前沿技术趋势、引进优秀技术人才等，

不断积累先进的技术知识，从而提升自身的竞争力；三是可以通过建立合作伙伴关系来积累知识资本，与价值网络中优秀的合作伙伴合作，共享资源和信息，将有效信息为己所用，提炼升华为知识资本。

企业应意识到知识资本的重要性，不断加强对知识资本的积累和管理，以应对市场竞争的挑战，实现长期的良性发展。小规模企业和初创企业要发扬自身创新氛围浓厚、组织灵活高效的优势，进一步拓宽融资渠道，完善人才管理与薪酬制度以吸引和留住高层次人才；高新技术企业与高人力资本企业则要进一步激发技术与知识的创造力，变革创新模式，如通过建立产业联盟、推进产学研合作创新等途径降低研发失败风险，提升创新绩效。

三、通过价值网络直接驱动企业创新绩效的提升

随着物联网、大数据等技术的不断更新迭代，传统的商业竞争方式被彻底颠覆，市场竞争已经不只是单个企业之间的竞争，而是要将企业置身于价值网络中，是企业之间的关系和资源的竞争。在传统的市场竞争中，企业与企业之间经常处于对立地位，而在新的经济条件下，企业与企业之间则呈现出一种新的竞合关系，这种关系可以更有效地优化资源配置，降低企业获得信息和资源的成本，从而提升企业运营效率。在价值网络中，企业之间以契约为纽带，结成战略联盟，突破产业边界，实现了价值网络资源共创共享的目的。

价值网络的存在为企业提供了大量的机会，企业应当主动融入价值网络，充分利用价值网络带来的便利条件，与合作伙伴进行合作研发、共同开展课题研究，这是提高创新产出的捷径。无论企业在价值网络中

处于何种地位，都可以凭借价值网络实现创新能力的提升。价值网络中的中心企业往往是商业活动和研发活动的主导者，拥有绝对的话语权，巨大的体量使其具备强大的吸引力，从而吸纳更多的企业加入价值网络中，不断扩充价值网络的边界，保持竞争优势，同时中心企业有能力在宏观层面调动资源为己所用，合作创新活动的成果往往也会获得知识产权和优先使用权，提升某些关键领域的垄断实力。价值网络中的边缘企业、体量较小的发展期企业则可以坚定地背靠中心企业，一方面，鼓励员工与价值网络中其他企业的高素质人才展开交流，提升自身的人才素质，另一方面，在与中心企业进行合作项目时，通过模仿学习其关键工艺和核心技术，复制其完整的产品供应链，快速提升自身的技术水平，尽可能缩短创新研发周期。

四、发挥技术创新、知识资本和价值网络的协同作用

技术创新、知识资本、价值网络和创新绩效的链式中介效应模型表明科技企业的创新绩效提升路径是一个复杂的体系，知识资本的积累以及价值网络的扩张是科技企业进行创新活动的基础，协同发挥技术创新、知识资本和价值网络的作用能够达到事半功倍的效果。这意味着，企业不能一味地进行资金投入以及人力资源扩充，与其将资源全部投入一项技术创新项目中，不如分散投资，在支持技术创新项目的同时，丰富企业的知识资本，优化人力资源结构和运营管理模式，与其他企业展开交流，建立稳定的合作伙伴关系，提升价值网络的稳定性。这种协同发展模式有利于企业降低风险、提高效率。技术创新虽然能够为企业带来巨大的回报，但其成功率并不高，如果将所有资源投入单一项目中，一旦

失败就会造成难以承受的损失。而分散投资不仅可以支持多项技术创新项目，还能为企业积累更丰富的知识资本，这对于应对未来的变化和挑战至关重要。同时，知识资本还需要通过有效的管理和传播才能发挥作用。企业应构建完善的知识管理系统，鼓励员工分享经验和知识，并进行知识转化，将理论知识转化为实际应用。此外，优化人力资源结构，培养核心人才，吸引和留住优秀员工，也是提升知识资本的重要手段。价值网络的构建是技术创新和知识资本互动的平台。通过与其他企业建立稳定的合作伙伴关系，企业可以共享资源、共担风险、共同研发创新技术，从而提升整体竞争力。

第三节　高科技企业创新绩效提升策略

一、综合制定技术创新方案，为技术创新提供保障

在企业进行技术创新时，大量的资金以及资源的投入固然重要，但"招兵买马"只是简单的技术创新准备工作，最重要的是在综合考虑市场、竞争对手、企业资源禀赋等因素的前提下，确定技术创新方向和方案。

技术创新的全过程充满了不确定性和风险，但也往往伴随着巨大的潜在回报。当企业实现了创新突破，新产品的诞生总是伴随着管理体系的深度优化与进化，一个卓越的创新驱动管理体系是确保技术创新效果的关键，同时也如催化剂一般激发出技术团队的创新活力。从组织架构

的重塑、战略决策的导向到企业文化的核心构建，无一不在这场变革中获得裨益。比如，引入扁平化管理架构能显著增强跨部门间的协作效率，摒弃冗余复杂的操作流程，实施激励性的工作机制，则能激活员工的内在动力，鼓励他们主动投身于创新实践，而一种强大的企业文化，如同灵魂般渗透在每个员工的日常行为和思维方式中，潜移默化地塑造着企业的核心竞争力。这些虽然不会直接改变企业的创新能力，却能够使技术创新活动更加平稳地进行，降低创新活动的风险，间接提高企业的创新绩效。

二、正确认识研发投入与创新绩效的关系，合理配置资源

企业要想在激烈的市场竞争中立于不败之地，就应不断加强研发投入，提高创新能力，获得领先的市场地位。一方面，企业在提高研发投入金额的同时，更要从企业自身的营业收入角度考量，寻求能最大化产生效益的研发投入强度区间；另一方面，企业在合理增加研发人员数量的同时，也要提升研发人员团队的整体科研水平，选拔高素质人才可以在一定程度上节约人力资本。

由于企业自身资源禀赋、知识资本的限制，过剩的创新投入可能会产生消极影响，阻碍技术进步与效率提升，但从长期来看，随着研发投入的积累，该抑制作用会逐渐消退，甚至可能诱发产业升级与技术革新，因为研发投入和技术创新活动能够逐渐提高企业的知识资本积累，使企业具备运用知识资本开展创新活动的能力。此外，企业应尽力找寻研发投入适度区间，结合自身资源禀赋和知识资本现状，在此区间内持续投入开展创新活动，优化资源利用效率，并将创新理念始终融入企业文化

与经营活动中，助力企业长远发展。

三、优化人力资本结构

首先，企业要优化配置人力资本存量，把知识资本的完善与积累当作企业一项重要的常态化工作。为了最大限度地挖掘人力资本的潜力，企业需评估现有人才是否符合其成长需求。配置人力资本时，企业应关注人力资源结构的平衡，保证有足够的人力资源储备，理想的资本存量能够提升技术创新效率，推动企业发展。若人力资本存量不足，则将难以适应企业的发展，成为企业扩张过程中的阻碍。因此，企业需通过精确的计算和战略部署，配置打造卓越的创新团队，展现其技能和价值，驱动企业创造经济效益，同时为未来可能发生的企业扩张做好准备。

其次，企业需着力提升员工的专业素养，人力资本的专业化是构建企业稳固技术优势的核心，这对提升创新绩效至关重要。技术型人力资本特指拥有专业技能的个体，他们能承担高专业度的研发任务，如企业的创新型研究员、技术核心、工程师及专家等。具备特定专业知识和技术基础的人才对企业的技术创新会产生显著的推动力，而拥有出色创新策略的领导者能在技术创新过程中扮演决定性的角色。这两者的协同作用在企业内部展现出了非同寻常的价值。只有当高度专业化的人力资本与企业的其他物质资源深度融合，才能发挥最大效能，提高科研成果转化的成功率，进而提升企业的技术创新能力。因此，对于高质量人力资源的激励非常重要，企业要尽可能满足这部分人的需求，使其工作状态达到最佳水平。

最后，企业要以人为本，制定差异化的人才培养体系，充分保障员工权益，为员工提供沟通与表现的便利渠道，并搭建良好的福利体系，使其在工作与生活之间取得平衡。一是建立员工学习平台，为员工提供优质的教学资源，开展不同层次的人才培养活动，让员工的学习和工作能力能够与时俱进。二是针对企业的人员发展定位与需求，制定完备的人员层级、差别化的培养系统，从而为员工搭建起多样化的生涯发展之路。

四、注重知识资本的积累

企业中的个体或者团体在通过研发创新来解决某些实际问题的过程中所形成的经验与技巧，一部分转变为企业显性的员工培养机制，不能通过制度流程化的另一部分则成为相对隐性的企业文化。这一转化流程可以具体体现在技术创新和人才发展这两个维度的协同作用之中。虽然在短期内增加人才发展维度的投入并不能产生立竿见影的效果，甚至有可能减少企业当年的报表利润，但从长期来看，人才发展维度的知识资本通过制度化，为企业技术创新维度提供了更加系统化的研发流程、更加先进的研发条件，加大企业技术创新维度的研发投入和研发产出，则可以提高人才发展维度的知识资本的利用效率。具体而言，高水平的研发投入能够为员工提供更多的研发技术和设备，创造更舒适的工作环境和氛围，使员工有充分的资金和先进的手段进行调查研究，而高水平的研发产出是对员工工作努力的肯定，这能给予他们信心与动力，进而激发他们研发创新的热情。

五、动态调整企业网络模式以持续提升技术创新绩效

价值网络中存在学习机制，该机制并不是一成不变的，它受到市场环境、中心企业、边缘企业、网络联结机制等因素的共同影响，是一个随着时间发展而不断演变的过程。因此，动态变化的价值网络并非在任何情况下都能促进技术创新，只有当企业网络结构与其所处外部环境相适应、企业技术创新所需的资源与获得这些资源能够借助的网络关系相匹配、价值网络的不同特征与组织目标之间形成协同效应，价值网络才能最大可能地促进技术创新。在价值网络中，边缘企业虽有机会接触或取得其他企业的关键知识或技术，但并不一定代表边缘企业整体能力一定能获得提升，因为这个作用过程受到来自多方面的因素影响。不同的战略导向导致企业构建网络的策略和效果也各有不同，对于企业来说，要不断调整其与价值网络的联结机制来适应不断变化的工作任务和环境的需要，使其与自身的资源、战略相匹配，这样才能达到最佳的学习效果，从而持续地提升其创新绩效。

第七章

研究结论与展望

第一节 研究结论

本书以高科技企业的创新绩效为研究对象，利用2018—2022年主板上市的高科技企业数据，采用文献梳理、理论分析和探索性案例分析研究相结合的方式构建了高科技企业技术创新、知识资本、价值网络和创新绩效的链式中介模型，通过描述性统计、面板数据回归分析以及Bootstrap中介效应分析探讨了高科技企业创新绩效的影响因素，基于文献分析、案例分析和实证分析获得的研究结论如下。

一、我国高科技企业的创新绩效情况较好

目前，我国高科技企业总体规模在迅速扩大，高科技企业创新活动呈现出大体量、高增长、高质量的特点，尤其是在人工智能、新能源、生物医药以及量子技术等前沿领域取得了一系列的重要原创成果。数据表明，我国高科技企业研发投入强度明显增大，创新能力逐渐增强，并且注意加强技术创新的管理，制定正确的适合企业的技术创新战略和合理的激励措施，这都为良好的技术创新产出提供了基础。

二、高科技企业技术创新对知识资本、价值网络以及创新绩效的提升有显著的正向影响

对技术创新作用机制的实证研究表明，高科技企业技术创新对知识资本、价值网络和创新绩效均有显著的正向影响。技术创新活动本身是一种探索，在探索的过程中，人员结构的优化、员工综合素质的提升是水到渠成的事情，并且企业也将在技术创新的探索过程中积累管理经验，提高运营能力，提升企业的人力资本和结构资本。同时，技术创新活动能够提升企业知名度，吸引更多的企业成为价值网络中的一员，从而提高自身在价值网络中的中心度或扩大价值网络的规模。

三、知识资本和价值网络对于企业创新绩效的提升有重要的作用

通过对高科技企业创新绩效的前因机制进行实证研究，构建了"技术创新（自变量）—知识资本（中介变量）—价值网络（中介网络）—创新绩效（因变量）"的关系模型，验证了知识资本和价值网络的中介效应和链式中介效应。

第一，高科技企业知识资本对创新绩效有显著的正向影响，知识资本在高科技企业技术创新对创新绩效的影响中起到中介作用。企业知识资本的重要组成部分——人力资本是决定企业创新绩效的关键要素，高质量的人力资本具有较强的资源使用能力，能够将企业配置于个人的资源发挥最大效用，高质量的人力资本对知识的学习、吸收和模仿能力更强，

能够更好地学习新知识、创造新技术，对已有的创新成果进行优化改进，提升创新能力。企业的技术竞争优势并非单纯源于内部的知识积累和科研实力，而是多元化的要素共同作用的结果，包括员工的知识技能、组织结构的优化、信息系统的高效利用以及独特的创新文化等。在推进技术创新的过程中，企业投入的资源显著提升，引入了众多高端科研人员，引进了尖端生产设备，这些举措从硬件到软件层面构建了一种独特的差异化优势，构成了企业核心技术的核心竞争力。

第二，高科技企业价值网络对创新绩效有显著的正向影响，价值网络在高科技企业技术创新对创新绩效的影响中起到中介作用。规模更大的价值网络能够吸引更多的投资，带动企业总资产周转率以及营业收入增长率的提高，提升企业的经营效率，促使企业更加轻松地进行创新活动。企业的价值网络关系越稳定越有利于创新绩效的提升，科技型企业通过深度融入价值网络，能够增加企业获取创新资源的渠道和路径，实现资源共享，降低研发创新活动的成本，通过形成一致的创新目标和价值取向，促进价值网络中各个企业的合作，通过合作创新的方式提升创新绩效。企业在价值网络中的不同位置会影响企业对资源的获取和运用，处于价值网络中心位置、价值网络完整、与价值网络中其他成员关系更加紧密的企业，能够掌握更多有关市场变化、技术产品创新的信息，更好地制定技术创新和资源投入的策略，选择出一个正确的创新方向，运用资源促进企业的创新活动，从而对企业创新绩效产生促进作用。

第三，高科技企业知识资本对价值网络有显著的正向影响，知识资本和价值网络在高科技企业技术创新对创新绩效的影响中起到链式中介作用，即高科技企业通过技术创新，提高了企业的知识资本进而完善了价值网络，最终提高了创新绩效。拥有丰富知识资本的科技企业，在与价值网络中的其他企业展开创新项目合作时，会自然成为创新项目的主导者、推动者，拥有的知识资本越丰富，企业在创新项目中的话语权就越高，成为价值网络的中心，增强了价值网络的稳定性。高质量的知识资本具有外部性，高质量的研发人才资源能够自发地进行区域沟通与协作，与外界建立新的联系，帮助企业逐步完善价值网络，扩展价值网络的边界。企业开展技术创新活动，在潜移默化中优化了人员结构、提升了员工综合素质、积累了管理经验、提升了企业运营能力，强化了企业的知识资本。知识资本是企业拥有的一种重要资源，为了更好地运用这些资源，企业需要有清晰的战略规划以及资源开发策略，在价值网络中位于中心位置、领导位置的企业，往往拥有强大的综合实力，能够基于市场中的综合信息做出最佳决策，由创新投入向创新成果的转换过程会更加顺畅，有限的研发资源能够得到最大限度的利用和转化。

四、高科技企业提升创新绩效具有多种可行路径

高科技企业提升创新绩效具有多种可行路径。首先，不同类型的高科技企业可以参考以下创新能力发展模式：初创企业或小型企业应当开展利用式创新，充分利用人力资本保证企业生存；成长期或具有一定规模的科技企业应当选择并融入价值网络，在利用式创新和探索式创新中寻求平衡；成熟或大型科技企业应当提升价值网络中心度，通过探索式创新持续增强企业活力。其次，高科技企业创新绩效的提升路径包括：通过技术创新直接驱动企业创新绩效的提升，通过知识资本和价值网络

直接驱动企业创新绩效的提升，也可以发挥技术创新、知识资本和价值网络的协同作用，通过技术创新积累知识资本，从而提高价值网络中心度或价值网络的规模，以价值网络驱动企业创新绩效的提升。

第二节 研究的局限性与不足

一、数据来源

本书使用了2018—2022年的上市公司运营数据，由于研究对数据的要求较高，因此在数据分析的过程中剔除了大量的数据，最终筛选出数据完整的705家上市公司共1530个有效数据作为研究样本。经过观察发现，某些企业的数据并不连续，例如仅有2019年和2022年的数据，其他年份的数据被剔除，有限的样本数量和不连续的企业数据在一定程度上影响了数据分析结果。因此，可以考虑增加观测范围，使用最近10年的上市公司运营数据进行数据分析，增加样本数量，同时对缺失的数据进行替换处理，从而提高模型运行的精确程度。

二、变量的度量方式

对于本书中的解释变量，价值网络的常用度量方式是计算价值网络位置，使用客观数据进行价值网络的衡量，这种方法可借鉴的案例较少，因为本书采用客户集中度和供应商集中度两个指标反映价值网络位置，这种方式能够体现价值网络的稳定性、与合作伙伴的合作关系深度，但是不能很好地反映价值网络的多样化、灵活性。采用客观数据对价值网络进行计算存在较大的局限性，对此有两种改善措施，一种是使用问卷调查法，要求企业的高级管理者对企业的价值网络建设、管理、维护情况进行主观评价，另一种是收集更多有关企业采购、销售、地理位置、管理者社会关系的数据，进行复杂的公式计算。

三、中介模型构建

在知识资本、价值网络的中介作用方面，有一些作用机制和概念解释不够清晰。一方面，对有关企业技术创新、知识资本和价值网络的文献资料的阅读整理还不够全面，且目前已有的关于价值网络和创新绩效的关系、知识资本和价值网络在技术创新对企业创新绩效影响中起到的中介作用的研究并不是很多，因此变量间的作用机理还有继续丰富的空间。另一方面，为了清晰变量间的关系，进行了探索性案例分析，案例企业的资料来源有限，获得的编码数量有限，扎根理论分析的逻辑性还有待加强。在后续研究中，可以扩展文献资料的涉猎范围，查找更多与研究相关的书籍资料、外文文献资料，进行深入阅读，提高文献综述的质量，将变量间的模型进一步丰富完善。

第三节 未来展望

一、丰富创新绩效前因机制的研究

目前有关创新绩效前因机制的研究已经较为完善,从技术创新角度来看,早期学者们较为关注绿色技术创新与企业绿色创新绩效、碳生产率的关系,随着研究的深入,绿色创新绩效与企业技术创新、经营绩效的关系也被逐渐揭示,成为创新绩效的重要影响因素,在国家大力推进"双碳"工作的背景下,绿色技术创新将会成为创新绩效的一个重要影响因素。从知识资本角度来看,本书考虑了企业的人力资本以及结构资本,但知识资本是一个包罗万象的概念,其他类型的知识资本也可以作为企业创新绩效的前因变量,例如企业拥有的先进管理运营系统、技术标准等。除了本书提到的概念之外,其他变量也可以加入高科技企业创新绩效影响因素的研究模型中,例如领导行为、政策支持、企业社会责任、员工个人心理特质等,在后续研究中,可以选取不同的自变量、中介变量,从不同的层面和视角研究高科技企业创新绩效的影响机制,使模型更加准确完善、结论更加具有现实指导意义。

二、根据企业发展阶段、企业异质性进行讨论

已有的关于价值网络的研究均提到了后发企业建设价值网络的必要

性，价值网络的建设是落后企业赶超领先企业的战略支撑，但即使是已经具有先发优势的企业也需要不断地进行价值网络重构来维持自身的优势。企业的一切战略变革都立足于价值网络，价值网络对企业的发展至关重要，不同行业的企业、不同发展阶段的企业应当采取的价值网络建设方式、价值网络维护手段应当有所差异。此外，不同发展阶段、不同类型的企业应当采取的技术创新手段以及知识资本积累方式也应体现出差异化。本书的研究对象指定为广泛的高科技企业，并没有对这些企业的性质、具体行业及规模、发展阶段等异质性因素进行讨论，后续研究可以根据这些异质性因素进行分类讨论，增强理论结果的实用性和针对性，为高科技企业提升自身的创新能力出谋划策。

参考文献

[1] 巴曙松，吴丽利，熊培瀚. 政府补助、研发投入与企业创新绩效 [J]. 统计与决策，2022，38（5）：166-169.

[2] 陈洪玮，徐清如，陈霏. 制度环境与研发投入对高技术产业创新绩效的影响 [J]. 统计与决策，2021，37（18）：166-170.

[3] 陈金亮，赵雅欣，林嵩. 智能制造能促进企业创新绩效吗？[J]. 外国经济与管理，2021，43（9）：83-101.

[4] 陈劲，陈钰芬. 企业技术创新绩效评价指标体系研究 [J]. 科学学与科学技术管理，2006（3）：86-91.

[5] 陈美香. 全球价值链嵌入对我国港口城市群嵌入位置及物流能力的影响 [J]. 商业经济研究，2022（13）：107-111.

[6] 陈伟，陈银忠，杨柏. 制造业服务化、知识资本与技术创新 [J]. 科研管理，2021，42（8）：17-25.

[7] 陈修德，彭玉莲，卢春源. 中国上市公司技术创新与企业价值关系的实证研究 [J]. 科学学研究，2011，29（1）：138-146.

[8] 陈岩，张李叶子，李飞，等. 智能服务对数字化时代企业创新的影响 [J]. 科研管理，2020，41（9）：51-64.

[9] 陈占夺，齐丽云，牟莉莉．价值网络视角的复杂产品系统企业竞争优势研究——一个双案例的探索性研究 [J]．管理世界，2013（10）：156-169．

[10] 程惠芳，俞萍，洪晨翔．人力资本质量提升区域创新绩效了吗？——基于知识产权保护视角 [J]．技术经济，2023，42（8）：13-25．

[11] 程跃，段钰．财政补贴政策对企业创新绩效的影响研究——基于资源获取能力的实证思考 [J]．工业技术经济，2022，41（7）：104-112．

[12] 戴严科，邱旋，顾研．中国制造业上市公司无形资本核算与动态变迁 [J]．经济学报，2023，10（4）：1-29．

[13] 邓向荣，汪小洁，曹红．非连续性技术创新理论研究新进展 [J]．经济学动态，2022（1）：132-145．

[14] 杜雯秦，郭淑娟．企业异质性、研发投入与创新绩效——基于GPS 的实证研究 [J]．科技管理研究，2021，41（23）：124-132．

[15] 冯立杰，李倩倩，王金凤，等．后发企业颠覆式创新实现路径与演进机理研究——基于价值网络重构视角 [J]．财会通讯，2022（8）：10-16+28．

[16] 冯立杰，周荣荣，王金凤．颠覆式创新视阈下在位企业价值网络的演变路径 [J]．南开管理评论，2022（1）：124-134．

[17] 傅家骥．技术创新学 [M]．北京：清华大学出版社，1998．

[18] 葛顺奇，陈江滢，罗伟．知识资本和中国企业国际投资的模式选择 [J]．南开经济研究，2022（2）：3-20．

[19] 龚红，彭玉瑶．技术董事的专家效应、研发投入与创新绩效 [J]．中国软科学，2021（1）：127-135．

[20] 官建成，史晓敏．技术创新能力和创新绩效关系研究 [J]．中国

机械工程，2004（11）：60-64.

[21] 韩纪琴，余雨奇. 政策补贴、研发投入与创新绩效——基于新能源汽车产业视角 [J]. 工业技术经济，2021，40（8）：40-46.

[22] 侯佳雯，马靖，陈怀超. 基于 ADSE 知识循环系统的知识获取方式与企业创新绩效关系研究 [J]. 系统科学学报，2024（1）：128-135.

[23] 胡大力. 基于价值网模型的企业竞争战略研究 [J]. 中国工业经济，2006（9）：87-93.

[24] 胡伟，龙霄，余浪. 研发投入、政策激励与企业创新绩效 [J]. 财会通讯，2023（16）：35-40.

[25] 胡晓娟，黄永春. 后发企业进入战略性新兴产业的赶超路径与追赶绩效——价值网络中心性与赶超时机的调节作用 [J]. 科学学与科学技术管理，2016，37（3）：97-105.

[26] 姬新龙，董木兰. 绿色技术创新、股权结构与重污染企业全要素生产率 [J]. 统计与决策，2023，39（21）：164-168.

[27] 贾春香，马淑华，郝婷. 基于 Grey-DEMATEL 法的创新绩效关键影响因素研究 [J]. 会计之友，2020（16）：133-140.

[28] 简兆权，刘荣，招丽珠. 网络关系、信任与知识共享对技术创新绩效的影响研究 [J]. 研究与发展管理，2010，22（2）：64-71.

[29] 江积海，龙勇. 基于模块化和动态能力的价值网结网机理研究 [J]. 科技管理研究，2009（1）：135-138.

[30] 姜春，李诗涵，程龙. 知识资本国际研究：理论溯源、研究主题与未来展望 [J]. 科技进步与对策，2023，40（14）：150-160.

[31] 孔宪香. 科技创新体系建设中的企业人力资本激励制度研究 [J]. 科技管理研究，2007（5）：189-191.

[32] 李梅, 朱韵, 赵乔, 等. 研发国际化、动态能力与企业创新绩效 [J]. 中国软科学, 2022（6）: 169-180.

[33] 李平, 随洪光. 三种自主创新能力与技术进步: 基于 DEA 方法的经验分析 [J]. 世界经济, 2008（2）: 74-83.

[34] 李瑞达, 王钧力, 郑莉, 等. 管理创新对专精特新企业创新绩效的实证研究 [J]. 现代管理科学, 2024（1）: 109-119.

[35] 李万君, 龚璇, 李艳军. 种子企业技术创新投入产出分析: 政府支持下异质组织创新绩效的考察 [J]. 当代经济管理, 2022, 44（7）: 40-48.

[36] 李玉刚, 叶凯月, 吴朋. 研发投入、市场化程度与企业专业化经营 [J]. 科研管理, 2022, 43（4）: 158-164.

[37] 李垣, 刘益. 基于价值创造的价值网络管理（Ⅰ）: 特点与形成 [J]. 管理工程学报, 2001（4）: 38-41+2.

[38] 梁会君. 服务贸易开放、研发投入结构错配与工业绿色全要素生产率 [J]. 科研管理, 2022, 43（8）: 48-54.

[39] 刘博, 刘超, 刘新梅. 组织创造力与创新绩效: 长期导向与战略柔性的联合调节作用 [J]. 当代经济科学, 2024, 46（1）: 131-140.

[40] 刘海潮. 基于价值网络的战略变化效应扩散机制 [J]. 科学学与科学技术管理, 2007（11）: 110-113.

[41] 刘军航, 叶浩. ESG 与企业技术创新 [J]. 商业会计, 2023（15）: 30-34.

[42] 刘思嘉, 赵金楼. 区域知识资本对经济发展促进作用的特性分析 [J]. 图书馆学研究, 2009（10）: 86-91+85.

[43] 罗利华, 高小惠. 知识资本视域下瞪羚企业成长力评价与影响因

素研究[J]. 科技管理研究, 2021, 41 (12): 49-56.

[44] 罗震世, 杨正沛, 衣凤鹏. 技术创新资源对技术创新绩效影响的实证研究[J]. 北京行政学院学报, 2011 (3): 82-85.

[45] 马鸽, 张韬. 低碳政策试点、绿色技术创新与企业环境绩效[J]. 统计与决策, 2024 (5): 177-182.

[46] 马君, 郭明杰. 企业数字化转型、员工数字认知与创新绩效: 技术为刀, 我为鱼肉? [J]. 科技进步与对策, 2023 (22): 22-32.

[47] 毛毅翀, 吴福象. 创新补贴、研发投入与技术突破: 机制与路径[J]. 经济与管理研究, 2022, 43 (4): 26-45.

[48] 宁连举, 李萌. 基于因子分析法构建大中型工业企业技术创新能力评价模型[J]. 科研管理, 2011, 32 (3): 51-58.

[49] 宁连举, 肖玉贤, 牟焕森. 平台生态系统中价值网络与平台型企业创新能力演化逻辑——以海尔为例[J]. 东北大学学报（社会科学版）, 2022, 24 (2): 25-33.

[50] 潘昕昕, 张缨, 翟妍. 我国科研人员薪酬激励制度改革进展、问题和对策[J]. 科技管理研究, 2022, 42 (12): 28-33.

[51] 蒲朝阳, 杨进. 高新技术企业研发人员激励机制研究[J]. 商场现代化, 2007 (25): 150-151.

[52] 邵兵, 匡贤明, 王犟. 数字化知识管理与制造业企业技术创新: 基于动态能力视角[J]. 科技进步与对策, 2024 (14): 111-121.

[53] 沈铤荣, 王琛. 企业动态能力与技术创新绩效关系研究[J]. 科学管理研究, 2012, 30 (2): 54-58.

[54] 宋广蕊, 马春爱, 肖榕. 研发投入同群效应促进了企业创新"增量提质"吗? [J]. 外国经济与管理, 2023 (4): 137-152.

[55] 宋耘，王婕．网络特征和知识属性对企业创新绩效的影响[J]．管理科学，2020，33（3）：63-77．

[56] 唐洁，葛玉辉．技术创新、高管团队薪酬差距与企业绩效[J]．技术与创新管理，2023，44（6）：703-712．

[57] 唐新贵，许志波，闫森．区域知识资本及其对区域发展的影响研究[J]．经济地理，2012，32（2）：6．

[58] 王安琪．网络关系、技术创新动态能力与创新绩效[J]．技术经济与管理研究，2022（1）：16-21．

[59] 王建平，吴晓云．价值网络位置、内部资源配置与企业绩效[J]．统计与决策，2023，39（15）：167-171．

[60] 王淑娟，叶蜀君，解方圆．金融发展、金融创新与高新技术企业自主创新能力——基于中国省际面板数据的实证分析[J]．软科学，2018，32（3）：10-15．

[61] 王树祥，张明玉，郭琦．价值网络演变与企业网络结构升级[J]．中国工业经济，2014（3）：93-106．

[62] 王晓红，胡士磊．校企合作提升了制造业企业的技术创新绩效吗？——基于倾向得分匹配方法的实证研究[J]．技术经济，2022，41（4）：30-43．

[63] 王晓旭．技术创新、政府扶持与生产性服务业竞争力——以检验检测行业为例[J]．科技进步与对策，2024（17）：44-53．

[64] 魏涛，朱钦林．经济政策不确定性、内外部治理因素与企业创新绩效[J]．宏观经济研究，2024（1）：4-18+74．

[65] 温科，李常洪，徐晓肆．互补性资产、企业价值网络与创新绩效：基于知识冗余的调节作用[J]．科技管理研究，2022，42（4）：105-

115.

[66] 吴海平，宣国良．价值网络的本质及其竞争优势[J]．经济管理，2002（24）：11-17．

[67] 吴朋，李玉刚，叶凯月．环境规制、技术创新与工业企业绿色全要素生产率——基于中国省际面板数据的分析[J]．科学学与科学技术管理，2024（7）：110-128．

[68] 肖丁丁，李晓钰，朱桂龙．政府采购影响制造业企业技术创新的长效机制——中标情况的调节效应[J]．软科学，2024（7）：22-27+35．

[69] 肖振红，范君荻，李炎．产学研协同发展、知识积累与技术创新效率——基于动态面板门限机理实证分析[J]．系统管理学报，2021，30（1）：142-149．

[70] 徐飞，杨冕．企业集团内部创新架构与创新绩效[J]．经济管理，2022，44（8）：95-115．

[71] 徐宁，张迪，李孝琪，等．管理者长期主义如何促进企业技术创新——数字化转型的调节效应[J]．科技进步与对策，2024（11）：120-129．

[72] 许晓娜，肖宇佳．董事会层级、研发投入与创新绩效[J]．技术经济与管理研究，2023（2）：37-42．

[73] 许长新，黄心饴．技术采用视角下知识资本对企业创新绩效影响的异质性——以长三角城市群为例[J]．河北大学学报（哲学社会科学版），2021，46（6）：97-108．

[74] 薛阳，李曼竹，冯银虎．制造业企业绿色供应链管理同群效应研究——基于价值网络嵌入视角[J]．华东经济管理，2023，37（3）：107-116．

[75] 杨春华. 资源概念界定与资源基础理论述评 [J]. 科技管理研究, 2008（8）：77-79.

[76] 杨恩明, 林新奇, 王峥, 等. 公立医院人才创新绩效影响机制的结构方程模型分析 [J]. 中国卫生经济, 2024（3）：44-48.

[77] 易靖韬, 曹若楠. 流程数字化如何影响企业创新绩效？——基于二元学习的视角 [J]. 中国软科学, 2022（7）：94-104.

[78] 余东华, 马路萌. 数字化转型、平台化变革与企业创新绩效——基于"技术—组织—创新"范式的分析 [J]. 改革, 2024（2）：55-74.

[79] 俞立平, 钟昌标, 王作功. 高技术产业创新速度与效益的互动机制研究 [J]. 科研管理, 2018, 39（7）：1-8.

[80] 喻登科, 熊曼玉. 包容性文化视域下隐性知识多样性对企业创新绩效的作用研究 [J]. 科技进步与对策, 2024（16）：107-117.

[81] 喻登科, 张婉君. 企业组织知性资本、知识管理能力与开放式创新绩效 [J]. 科技进步与对策, 2022, 39（9）：122-131.

[82] 袁红梅, 田会静, 刘心蕊, 等. 动态网络能力、技术融合能力对生物医药新产品开发绩效的影响——企业创新绩效的中介效应 [J]. 科技进步与对策, 2024（18）：108-118.

[83] 袁胜军, 彭长生, 钟昌标, 等. 创新驱动背景下企业外来技术比重变化研究 [J]. 中国软科学, 2018（7）：39-48.

[84] 原长弘, 张帆, 姚缘谊. 我国企业自主创新策略选择：一个理论分析 [J]. 系统管理学报, 2009, 18（6）：620-624.

[85] 岳宇君, 孟渺. 研发投入、资源特征与大数据企业经营绩效 [J]. 湖南科技大学学报（社会科学版）, 2022, 25（2）：74-85.

[86] 张根明, 温秋兴. 企业创新：激励体系与企业创新能力关系研究

[J]. 科学学与科学技术管理, 2010（4）: 126-129.

[87] 张国富, 张有明. CEO 政治关联与创新绩效: 促进或抑制？——基于财务绩效的中介效应 [J]. 财会通讯, 2022（10）: 48-53.

[88] 张珂, 王金凤, 冯立杰. 面向颠覆式创新的后发企业价值网络演进模型——以海尔集团为例 [J]. 企业经济, 2020（2）: 68-75.

[89] 张利飞, 符优, 虞红春. 技术引进还是合作研发？——两种研发国际化模式的比较研究 [J]. 科学学研究, 2021, 39（3）: 471-480.

[90] 张鹏, 张卫萍. 产品价值网络竞争与后发企业追赶策略 [J]. 工业技术经济, 2022, 41（2）: 145-153.

[91] 张守凤, 刘昊蓉. 人力资本结构对企业科技创新绩效的影响 [J]. 科技进步与对策, 2023, 40（14）: 62-73.

[92] 张泰梓, 唐玲玲. R&D 内外部支出与创新绩效——基于知识存量的门槛回归 [J]. 科技管理研究, 2022, 42（5）: 153-161.

[93] 张仲英, 胡实秋, 宋化民. 技术创新绩效评价法 [J]. 统计与决策, 2000（7）: 14-15.

[94] 赵馨燕. 知识资本与组织性格对物流企业绩效的作用机制 [J]. 商业经济研究, 2023（17）: 78-81.

[95] 赵鑫全. FDI 对企业创新绩效影响研究——基于溢出效应和竞争效应视角 [J]. 工程管理科技前沿, 2023, 42（6）: 60-66.

[96] 周妮娜, 张林, 李培祥. 企业动态能力影响创新绩效的路径——基于能力层次论的分析 [J]. 企业经济, 2022, 41（7）: 13-22.

[97] 周文辉, 杨苗, 王鹏程. 赋能、价值共创与战略创业: 基于韩都与芬尼的纵向案例研究 [J]. 管理评论, 2017, 29（7）: 258-272.

[98] 周煊. 企业价值网络竞争优势研究 [J]. 中国工业经济, 2005

（5）：112-118.

[99] 周贻，张伟. 技术创新对企业绩效影响的实证检验[J]. 统计与决策，2022，38（17）：170-174.

[100] 朱庚春，徐策中，侯玲. 技术创新理论与技术创新绩效[J]. 经济纵横，1997（4）：19-22.

[101] 朱王海，伊若文. 知识资本赋能企业协同创新[J]. 企业管理，2025（3）：17-20.

[102] Acebo E，Miguel-Dávila，José A，et al. Do financial constraints moderate the relationship between innovation subsidies and firms R&D investment？[J]. European Journal of Innovation Management，2022，25（2）：347-364.

[103] Amit R，Schoemaker P J H. Strategic assets and organizational rents[J]. Stra-tegic Management Journal. 1993，14（1）：33-46.

[104] Arndt S W，Kierzkowski H. Fragmentation：New production patterns in the world economy[M]. Oxford：Oxford UniversityPress，2001.

[105] Balsmeier B，Buchwald A，Stiebale J. Outside directors on the board and innovative firm performance[J]. Research Policy，2014，43（10）：1800-1815.

[106] Barney J B. Gaining and sustaining competitive advantage[M] .2nd Ed.New York：Pearson Education，2002.

[107] Barney. Firm resource and sustained competitive advantage[J]. Journal of Management，1991，17（1）：99-120.

[108] Basole R C，Rouse W B. Complexity of service value networks：Conceptualization and empirical investigation[J]. IBM Systems Journal，2008，

47（1）：53-70.

[109] Bouwman H, Hulsink W. A dynamic model of cyber—entrepreneurship and cluster formation: Applications in the United States and in the Low Countries[J]. Telematics and Informatics, 2004, 19（4）: 291-313.

[110] Bovet D, Martha J. Value nets: Reinventing the rusty supply chain for competitive advantage[J]. Strategy & Leadership, 2000, 28（4）: 21-26.

[111] Brandenburger A M, Nalebuff B J. Co-opetition[J]. Long Range Planning, 1997, 15（1）: 31-32.

[112] Brehmer M, Podoynitsyna K, Langerak F. Sustainable business models as boundary-spanning systems of value transfers[J]. Journal of Cleaner Production, 2017, 172（20）: 4514-4531.

[113] Cassell C A, Huang S X, Sanchez J M, et al. Seeking safety: The relation between CEO inside debt holdings and the riskiness of firminvestment and financial policies[J]. Journal of Financial Economics, 2012, 103（3）: 588-610.

[114] Chester A N. Measurement and incentive for control research[J]. Industrial Research Institute, 2012（4）: 14-26.

[115] Drucker P F. Post-capitalist society[M]. London: Oxford, Butterworth Heinemann, Harper Business, 1993.

[116] Duodu B, Rowlinson S.Intellectual capital for exploratory and exploitative innovation: Exploring linear and quadratic effects in construction contractor firms[J].Journal of Intellectual Capital, 2019, 20（3）: 382-405.

[117] Eisenhardt K M, Martin J A.Dynamic capabilities: What are they[J]. Strategic Management Journal, 2000（21）: 1105-1121.

[118] Faleye O, Hoitash R, Hoitash U. The costs of intense board

monitoring[J]. Journal of Financial Economics, 2011 (101): 160-181.

[119] Flammer C, Bansal P. Does a long-term orientation create value? Evidencefrom a regression discontinuity[J]. Strategic Management Journal, 2017 (38): 1827-1847.

[120] Freeman C, Soete L. The economics of endustrial innovation[J]. MIT Press, 1997, 7 (2): 215-219.

[121] Freeman C. The economics of industrial innovation[J]. Social Science Electronic Publishing, 1997, 7 (2): 215-219.

[122] Gatignon H, Tushman M L, Smith W, et al. A structural approachto assessing innovation: Construct development of innovation locus, type, and characteristics[J]. Management Science, 2002, 48 (9): 1103-1122.

[123] Gereffi G. International trade and industrial upgrading in the apparel commodity chain[J]. Journal of International Economics, 1999, 48 (1): 37-70.

[124] Gerstner W C, K?nig A, Enders A, et al. CEO narcissism, audience engagement, and organizational adoption of technological discontinuities[J]. Administrative Science Quarterly, 2013 (58): 257.

[125] Gupta K. Study of the instant incentive mechanism for zero——Time enterprise[J]. Journal of Service Science and Management, 2015 (1): 130-137.

[126] Hagedoorn J, Cloodt M. Measuring innovative performance: Is there an advantage in using multiple indicators? [J]. Research Policy, 2003, 32 (8): 1365-1379.

[127] Hayton J C. Competing in the new economy: The effect of intellectual capital on corporate entrepreneurship in high-technology new

ventures[J]. R&D Management, 2005, 35（2）: 137-155.

[128] Hines, Peter. Integrated materials management: The value chain redefined[J]. International Journal of Logs Management, 1993, 4（1）: 13-22.

[129] Howard M D, Withers M C, Tihanyi L. Knowledge dependence and the formation of director interlocks[J]. Academy of Management Journal, 2017, 60（5）: 1986-2013.

[130] Inkinen H. Review of empirical research on intellectual capital and firm performance[J]. Journal of Intellectual capital, 2015, 16（3）: 518-565.

[131] Kang R, Zaheer A.Determinants of alliance partner choice: Networkdistance, managerial incentives, and board monitoring[J]. Strategic Management Journal, 2018, 39（10）: 2745-2769.

[132] Kathandaraman, Wilson D T. The future of competition: Value-creating networks［J］.Industrial Market- ing Management, 2001（30）:379-389.

[133] Leonard-Barton D. Core capabilities and core rigidities: A paradox in managing new product development[J]. Strategic Management Journal, 1992（13）: 111-125.

[134] Li Q, Maggitti P G, Smith K G, et al.Top management attention to innovation: The role of search selection and intensity in new product introductions［J］. Academy of Management Journal, 2013, 56（3）: 893-916.

[135] Lyngsie J, Foss N J. The more, the merrier? Women in top-management teams and entrepreneurship in established firms［J］. Strategic Management Journal, 2017, 38（3）: 487-505.

[136] Mao C X, Zhang C.Managerial risk-taking incentive and firm

innovation: Evidence from FAS 123R [J]. Journal of Financial and Quantitattve Analysis, 2018, 53 (2): 867-898.

[137] Martin G, Washburn N, Makri M, et al. Not all risk taking is born equal: The behavioral agency model and CEOs perception of firm efficacy [J]. Human Resource Management, 2015, 54 (3): 483-498.

[138] Crossan M M, Apaydin M. A multi—dimensional framework of organizational innovation: A systematic review of the literature[J]. Journal of Management Studies, 2010, 47 (6): 1154-1191.

[139] Mihalache O R, Jansen J J P, Van den Bosch F A J, et al. Offshoring and firm innovation: The moderating role of top management team attributes [J]. Strategic Management Journal, 2012, 33 (13): 1480-1498.

[140] Nadkarni S, Chen J. Bridging yesterday, today, and tomorrow: CEO temporal focus, environmental dynamism, and rate of new product introduction [J]. Academy of Management Journal, 2014, 57 (6): 1810-1833.

[141] Nahapiet J, Ghoshal S. Social capital, intellectual capital, and the organizationaladvantage[J]. Academy of management review, 1998, 23 (2): 242-266.

[142] Pagani M. Digital business strategy and value creation: framing the dynamiccycle of control points[J]. MIS Quarterly, 2013, 37 (2): 617-632.

[143] Peppard J, Rylander A. From value chain to value net-work: Insights for mobile operators[J]. European Management Journal, 2006, 24 (2-3): 128-141.

[144] Peteraf. The Cornerstones of competitive advantage: A resource-based view[J]. Strategic Management Journal, 1993 (14): 179-191.

[145] Prahalad C K, Hamel G. The core competence in the organization[J] .Harvard Busi-ness Review, 1990 (3): 79-90.

[146] Roos G, Roos J. Measuring your company's intellectual performance[J]. Long Range Planning, 1997, 30 (3): 413-426.

[147] Rose J M, Rose A M, Norman C S, et al. Will disclosure of friendship ties between directors and CEOs yield perverse effects? [J] . The Accounting Review, 2014, 89 (4): 1545-1563.

[148] Rumelt R P, Schendel D, Teece D J. Strategic management and economic[J]. Strategic Management Journal, 1991 (12): 5-29.

[149] Rylander D H, Provost T. Improving the odds: Combining six Sigma and online market research for better customer service[J]. SAM Advanced Management Journal, 2006, 71 (1): 13-19.

[150] Serenko A, Bontis N. Meta-review of knowledge management and intellectual capital literature: Citation impact and research productivity rankings[J]. Knowledge & Process Management, 2004, 11 (3): 185-198.

[151] Shafer S M, Smith H J, Linder J C. The power of business models[J]. Business Horizons, 2005, 48 (3): 199-207.

[152] Slywotzky A J, Morrison D J, Andelman B, et al. The profit zone: How strategic business design will lead you to tomorrow's profits[M]. New York: Times business, 1998.

[153] Stoneman P. The economic analysis of technological change[M]. Oxford: Oxford University Press, 1983.

[154] Teece D J, Pisano G, Shuen A. Dynamic capabilities and strategic management[J]. Strategic Management Journal. 1997, 18 (7): 509-533.

[155] Teppo Felin, Hesterly W S.The knowledge-based view, nested heterogeneity, and new value creation: Philosophical considerations on the locus of knowledge[J]. The Academy of Management Review, 2007, 32（1）: 195-218.

[156] Wang F R, Chen J, Wang Y D, et al. The effect of R&D novelty and openness decision on firms'catch-up performance: Empirical evidence from China[J]. Technovation, 2014, 34（1）: 21-30.

[157] Wernerfelt B A. Resource-based view of the firm[J]. Strategic Management Journal, 1984, 5（2）: 171-180.

[158] Zhang K, Wang J, Feng L, et al. The evolution mechanism of latecomer firms value network indisruptive innovation context: A case study of Haier Group[J]. Technology Analysis and Strategic Management, 2019, 31（3）: 1-13.

[159] Zhang Y, Li H. Innovation search of new ventures in a technology cluster: The role of ties with service intermediaries[J]. Strategic Management Journal, 2010, 31（1）: 88-109.

[160] Zhou K Z, Li C B. How knowledge affects radical innovation: Knowledge base, marker knowledge acquisition, and internal knowledge sharing[J]. Strategic Management Journal, 2012, 33（9）: 1090-1102.

[161] Zhu D, Xu B. Regional government R&D investment and innovation performance: The moderating effect of geographical and organizational proximities[J]. International Journal of Innovation Science, 2022, 14（2）: 230-246.